KB246295

10년 후,

무엇을 먹고 살 것인가?

10년 후, 무엇을 먹고 살 것인가?
미래를 선점하는 인재경영 전략, 삼성에서 배운다

2007년 1월 10일 초판 1쇄 발행 | 2008년 10월 20일 5쇄 발행

지은이 · 가재산 | 발행인 · 박시형
책임편집 · 이은정 | 디자인 · twoes, 리트머스
마케팅 · 권금숙, 김명래, 김석원, 김영민
사업관리 · 조경일, 이연정 | 저작권 관리 · 김이령
발행처 · (주)에스에이엠티유 | 출판신고 · 2006년 9월 25일 제313-2006-000210호
주소 · 서울시 마포구 동교동 203-2 신원빌딩 2층
전화 · 02-324-0255 | 팩스 · 02-324-0149 | 이메일 · info@smpk.co.kr

ⓒ 2007 가재산 (저작권자와 맺은 특약에 따라 검인을 생략합니다)
ISBN 978-89-958816-4-4 (03320)

이 책은 저작권법에 따라 보호받는 저작물이므로 무단전재와 무단복제를 금지하며, 이 책 내용의 전부 또는 일부를 이용하려면 반드시 저작권자와 (주)에스에이엠티유의 서면동의를 받아야 합니다.

• 쌤앤파커스는 (주)에스에이엠티유 미디어 사업본부의 출판 브랜드입니다.
• 잘못된 책은 바꾸어 드립니다.   • 책값은 뒤표지에 있습니다.

쌤앤파커스(Sam&Parkers)는 독자 여러분의 책에 관한 아이디어와 원고 투고를 설레는 마음으로 기다리고 있습니다. 책으로 엮기를 원하는 아이디어가 있으신 분은 이메일 book@smpk.co.kr로 간단한 개요와 취지, 연락처 등을 보내주세요. 머뭇거리지 말고 문을 두드리세요. 길이 열립니다.

무엇을 먹고
살 것인가?

미래를 선점하는 인재경영 전략,
삼성에서 배운다

• 가재산 지음 •

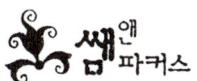
쌤앤
파커스

5장 **삼성의 인재경영과
인재육성전략**　**185**

6장 인재경영을 위한 삼성 따라하기 10계명　247

삼성, 이제 한국을 넘어 세계가 주목한다!

세계 시장을 석권하면서 막강한 물리력으로 탄탄대로를 달리던 GM(General Motors), 파격적인 디자인과 상품 경쟁력으로 타의추종을 불허하던 소니(Sony), 이런 유수의 세계 초일류 기업들조차 최근 들어 여러 가지 이유로 위기를 맞고 있다는 보도들이 지면을 장식하고 있다. 우리 기업도 예외는 아니다. 내수 부진과 경쟁력 저하의 이중고로 어려움을 호소하고 있는 기업이 부지기수다.

이렇듯 치열해지는 세계 제조업 환경 속에서 수년 동안 10조 원 안팎의 가공할 이익을 내면서 성장을 지속하고 있는 회사가 있다.

그 중 하나는 새로운 신화를 쓰고 있는 일본의 도요타(Toyota) 자동차.

이미 포드(Ford) 자동차를 따돌린 지 오래고 GM의 아성마저 위협하고 있다. 그러나 국내외 전문가들이 주목하는 도요타 신화 못지않게 조용하지만 파격적인 변신을 하고 있는 기업이 있으니 이는 다름아닌 '삼성전자' 다. 10여 년 전만 해도 삼성전자는 이건희 회장으로부터 '2기암 환자' 라는 중병 선고를 받을 정도로 취약성을 드러내던 회사였다. 그러한 삼성전자가 지금은 IMF 외환위기를 당당히 극복하고 최단기간 내에 전 세계가 주목하는 회사가 되었다.

세계적인 브랜드 컨설팅 업체, 인터브랜드(Interbrand)는 2006년 예년과 같이 세계 100대 브랜드를 발표했다. 그런데 그 결과가 주목할 만하다. 기세등등하던 소니의 브랜드 가치는 116억 달러로 26위에 그친 반면, 삼성전자의 브랜드 가치는 161억 달러로, 2005년에 이어 세계 20위를 당당히 고수한 것이다. 2001년 42위였던 것과 비교하면 엄청난 상승이다.

이처럼 세계가 주목하고 있는 기업 삼성전자는 브랜드 가치 면에서는 물론, 이익 규모 면에서도 소니를 크게 앞지르고 있고, 삼성전자 하나가 내는 이익이 전자왕국임을 자임하던 일본의 7대 전자 브랜드 전체가 낸 이익보다 높은 게 현실이다. 이제 삼성전자는 경계의 대상을 넘어 대단히 위협적인 존재가 되어버렸다.

삼성이 이토록 비약적인 성공을 거둔 이유는 무엇일까? 물론 여러 요인을 꼽을 수 있다. 그러나 삼성을 예의 주시하고 있는 해외의 유수 기업들은 그 비결로 단연 삼성의 '인재경영' 을 꼽는다.

그렇다면 이건희 회장이 '기업의 사활'을 걸 정도로 강조하는 인재경영, 전 세계 기업들이 삼성의 가장 무서운 무기라고 꼽는 인재경영의 요체는 과연 무엇일까? 그리고 그를 뒷받침하는 삼성만의 독특한 인사제도와 인재육성제도는 어떤 것일까?

이제는 삼성에 대해 알아야 할 때

"당신들 왜 오느냐? 우리한테 더 배울 것도 없으면서…"

이 말은 삼성경제연구소에서 이슈가 되고 있는 인사제도나 노사관리 등을 벤치마킹하기 위해 해외 선진기업들을 방문했을 때, 해당 기업들이 볼멘 듯 꺼내는 말이다.

과거 삼성은 경영혁신을 추진할 때나 새로운 인사제도를 도입할 때 일본은 물론, 유럽이나 미국 등 세계 곳곳의 선진국으로 벤치마킹을 갔다. 하지만 이제는 역으로 세계 각지에서 삼성을 배우러 온다. 삼성의 인사제도는 이제 세계적으로 인정해주는 수준에 와있다. 누가 시키지 않았는데도 삼성을 연구하는 모임이나 전문 연구회 등이 자발적으로 만들어져 삼성식 인사·교육제도에 대해 연구하고 있을 정도다. 그러나 도요타나 GE 같은 기업들과는 달리 삼성의 이러한 제도들은 아직도 베

일에 가려져 있다.

필자는 경영혁신, 조직관리, 신인사제도, 그룹교육 등 삼성 조직의 요체를 살필 수 있는 분야에서 25년간 일을 했다. 그 후 '삼성 왜 강한가?', '삼성의 인사제도와 인재경영의 비밀' 등 삼성에 관한 세미나를 하면서 세간의 삼성에 대한 관심에 자못 놀랐다. 세미나에 참석한 한 중소업체 관계자는 그동안 삼성의 인재경영이 독특하다는 말만 들었는데 내용을 알고 보니 그 치밀함에 더 놀랐다며, 삼성의 인재경영을 자기 회사에 어떻게 접목시킬지 고민해보겠다고 말하기도 했다.

이 책은 과거 필자가 삼성에서 직접 기획하거나 실천했던 경험을 바탕으로 하여 만들어진 책이다. 이미 서점에는 100여 종에 이를 정도로 삼성 관련 서적이 많이 나와 있다. 하지만 외부 작가나 기자들이 쓴 책들이 주종을 이룰 뿐더러 삼성 출신들이 쓴 책들도 마케팅이나 리더십, 삼성 신경영에 관련된 정도다. 이러한 의미에서 '삼성의 인사제도와 인재육성'에 대한 현장 경험자의 실무책자로는 이 책이 처음이 아닌가 싶다.

이 책은 '사람(HR, Human Resources)'에 관한 책이다. 천연자원이 거의 없는 우리나라는 인적자원에 기댈 수밖에 없는 국가다. 그렇기에 선진국으로 도약하는 데 있어 가장 중요한 것은 사람이다. 게다가 지금은 급격하게 '성과주의' 인사로 재편되고 있는 상황이다. 공기업이든 사기업이든 '인재경영'을 강조하고 있다. 이 모든 변화는 사람의 중요함을 보여준다.

이와 같은 '변화와 혁신의 시대' 에 필자는 이 책이 인사제도나 인재육
성에 관한 해외 벤치마킹 이전에 반드시 먼저 참고해야 할 지침서가 되
기를 기대한다.

성공한 회사나 개인들은 그들만의 성공 DNA가 있다. 삼성의 성공 유
전자 또한 인재경영과 인사관리에 관한 한, 분명 오늘의 성공에 만족하
지 않고 계속 진화해나갈 것이다. 그런 의미에서 이 책이 기폭제가 되
어 이 같은 책들이 계속 많이 나왔으면 좋겠다. 그래야 공개되지 않은
정보들이 공유되어 우리나라 기업들이 한 단계 업그레이드 될 것이기
때문이다.

감 사 의 말

이 책은 인사를 전문으로 하는 HR 부서장이나 담당자, CEO, 그리고 현장 관리자들에게 초점을 맞추어 쓴 책이다. 그러나 현장의 경영자들이나 관리자들은 항시 분주히 뛰다 보니 책을 제대로 읽을 수 있는 시간이 부족하다. 그래서 이 책은 1장과 2장, 그리고 마지막 6장만 읽어도 삼성의 인재경영의 핵심내용을 충분히 이해하고 무엇을 실천할 것인지 힌트를 얻을 수 있도록 구성하였다.

흔히 책을 쓰는 것을 산고의 고통에 비유한다. 그만큼 책 쓰는 작업은 인내와 고통이 따르는 작업이다. 이 책 또한 기획되어 자료를 모으기 시작한 지 꼭 3년 만에 세상에 빛을 보게 되었다. 이 책이 이렇게 무사히 나올 수 있었던 데는 많은 분들의 조언과 협조가 있었다.

먼저 필자의 강의와 세미나를 듣고, 그 내용을 책으로 정리하면 더 많은 사람들이 보고 공부할 수 있지 않겠느냐며 제안을 해주신 많은 분들께 감사드린다. 또한 삼성의 인사제도나 교육시스템과 관련하여 늘 생생한 정보를 들려준 삼성의 현역 그리고 OB 선후배들에게도 감사한 마음을 전한다.

필자가 기획하고 있던 의중을 미리 꿰뚫고 책을 쓸 것을 제안해주신 쌤앤파커스의 박시형 사장님도 빼놓을 수 없이 고마운 분이다. 이 분이 아니었더라면 지금까지도 이 원고들은 책장에 나뒹굴고 있었을지도 모른다. 거칠기만 했던 원고를 꼼꼼하게 읽고 다듬어준 이은정 실장님 이하 스탭 분들, 엄청난 분량의 초기 원고를 입력하고 다듬어준 조인스 HR 가족인 이송원 이사와 문희진 대리, 그리고 독수리 타법인 아버지가 안타까워 늘 옆에서 도와준 아들 동윤, 딸 보경, 주말만 되면 서재에 틀어박혀 등산 한번 같이 가주지 못한 아내에게도 고마움을 이 글로 대신한다.

2007년 벽두에
가재산

1

10년 후의 생존을 보장할
'키워드'가 무엇이냐

최근 몇 년간 글로벌 마켓에서 삼성의 성장을 보면 놀랍기 그지 없다. 대만 기업들이 OEM이나
ODM 사업에 정신이 팔려 있을 때 과감히 브랜딩 전략을 구사,
삼성은 이제 세계적인 기업이 되었다.

혁자생존(革者生存)의 시대

장수기업의 생존 비결

공룡은 쥬라기에 크게 번성하다 백악기에 사라졌다. 그 종류가 밝혀진 것만 해도 200여 종. 그 중 브라키오사우루스(Brachiosaurus)는 키 25미터에 몸무게 80톤에 이르는 거대한 공룡이다. 크기와 덩치로 보자면 가히 대적하기 힘든 규모라 할 수 있다. 하지만 공룡은 결국 멸종의 비운을 맞았다. 이에 반해 비교 대상도 되지 못했던 작은 개미는 2억 년을 버티며 지금도 살아가고 있다. 그 이유는 무엇일까? 찰스 다윈은《종의 기원》에서 "이 지구상에서 살아남은 동식물의 특징은 덩치가 크고 힘이 센 종(種)이 아니라 변화하는 환경에 잘 적응하는 종"이라고 한 바 있다. 공룡 멸종에 대한 여러 설 중 '환경 부적응으로 인한 멸종설'이

설득력 있는 것은 바로 그러한 이유다.

뉴질랜드에 가면 유일하게 그곳에서만 사는 키위새가 있다. 뉴질랜드에만 서식하는 희귀새라 정부가 국조(國鳥)로 정하여 천연기념물로 보호하고 있다. 키위새는 환경변화에 적응하지 못한 대표적인 새다. 이 새는 원래 독수리처럼 하늘을 날던 새였는데 지금은 날개가 완전히 없어졌다. 문제는 하늘을 날 수 없게 되면서 주민들이 주는 먹이에 안주하다 보니 한 때 뉴질랜드 하늘을 뒤덮었던 이 새들에게 멸종의 위기가 닥쳤다는 것이다. 뉴질랜드의 천혜자원 덕택에 먹을 것 걱정이 없고 원주민인 마오리족 외의 다른 외부인이 이주하기 전에는 포유류 같은 천적을 경험해보지 못한 탓이다.

공룡과 키위새가 우리에게 주는 메시지는 하나다.

'변화에 적응하지 못하면 개인, 회사 심지어는 국가도 생존하기 어렵다.'

현대 사회에서 이러한 문제는 개인에게 더욱 심각한 문제로 부각된다. 사오정(45세가 되면 정리의 대상), 오륙도(56세 정년까지 근무하면 도둑)라는 말이 사회 현상으로 굳어질 만큼 임원들이나 40대 이후의 직장인들의 위치는 불안하다. 위로는 연공서열과 직급파괴의 바람을 타고 올라온 젊은 임원들이 있고, 아래로는 디지털이라는 신무기로 무장한 똑똑한 부하직원들이 있다. 이들 사이에서 나이 많고 아날로그식 사고에 익숙한 샐러리맨들은 불안한 마음을 감출 길이 없다. 그런데도 변화를 모색하려는 의지를 발휘하기란 쉽지 않다. 이미 커져 움직이기 힘든 몸과 퇴화된 자신의 날개를 관조하는 경우가 다반사다.

기업 역시 마찬가지다. 누구나 기업을 처음 설립할 때는 역사에 길이 남을 영원한 기업을 꿈꾸지만, 현실적으로 기업의 수명은 점점 짧아지고 있다. 컨설팅 회사인 매킨지 보고서에 의하면 기업의 수명은 1935년에는 90년이던 것이 1975년에는 30년, 2005년에는 15년으로 줄어들었다고 한다. 우리나라 기업들도 예외는 아니어서, 2006년 현재 1965년도에 10대 기업 안에 들었던 기업 모두가 소멸했다. 100대 기업까지 내려가야 겨우 13개 기업만 생존해 있을 뿐이다. 미국과 일본 기업들도 마찬가지다. 기업의 생존율이 각각 21%와 22%에 지나지 않는다. 《100년 기업의 조건 Going the Distance: Why Some Companies Dominate and Others Fail》이라는 책을 쓴 케빈 케네디(Kevin Kennedy)는 기업의 성공이 오래가지 못하는 가장 큰 이유 중 하나를 '성공에 안주하는 것'이라 했다. 또한 변화하지 않고 성장을 기대하는 것을 '고장난 나침반을 들고 정글에 뛰어드는 자살 행위'라고 경고했다. 기업도 위기에 대처하지 않고 환경에 대응하지 않으면 결국은 공룡과 키위새처럼 도태되어 소멸할 수밖에 없을 것이다.

솔개의 장수 비결

Smart Idea!

솔개는 70년 가량 사는 가장 장수하는 조류다. 그러나 솔개가 70세까지 장수하려면 40세에 이르러 매우 고통스럽고 중요한 결심을 해야만 한다. 솔개에게 40세는 노화하여 사냥감을 효과적으로 잡아챌 수도 없는 발톱, 길게 자라고 구부러져 가슴에 닿을 정도가 되어버린 부리, 짙고 두껍게 자란 깃털 탓에 매우 무거워진 날개, 이로 인해 더 이상 날기도 먹이를 사냥하기도 힘들어져 버린 시점이다. 40세의 솔개에게는 두 가지 선택이 있을 뿐이다. 그대로 구실을 못한 채 죽을 날을 기다릴 것인가, 아니면 반년에 걸친 고통스런 갱생 과정을 수행할 것인가 하는 것.

갱생이란 인간에게도 그렇듯 솔개에게도 고통의 나날이다. 외딴 곳에 둥지를 틀고 자신의 약점들을 하나하나 깨나가야 하기 때문이다. 길게 자라고 구부러져 가슴에 닿을 정도가 된 부리는 바위에 쪼아 깨지고 빠지게 만들어야 한다. 자신의 부리를 스스로 바위에 부딪쳐 깨버리려면 참으로 고통스러운 인내가 필요하지만, 그 고통을 감내하고 나면 서서히 새로운 부리가 돋아난다.

노화하여 사냥감을 효과적으로 잡아챌 수 없는 발톱은 새로 돋아난 부리로 하나하나 뽑아내야 한다. 자신의 발톱을 스스로 뽑아내자면 이 또한 보통 일이 아니다. 발톱을 뽑아내는 고통이 있은 후에라야 새로운 발톱이 돋아난다. 짙고 두껍게 자란 깃털도 마찬가지. 새로 나온 부리로 제 살갗이나 다름없는 깃털을 뽑아내야 한다.

이 모든 과정은 굳건한 결심이 아니면 힘들다. 하지만 이 과정을 거쳐 새 깃털이 돋아나는 반년 후에는 모진 고통을 참은 대가로 사냥의 명수, 비행의 대가인 솔개로 다시 태어나 30년의 수명을 더 누리게 된다.

정광호의 《우화경영》 중에서

기업생존의 열쇠는 변화와 혁신에 있다

2005년 말 영국의 시사 주간지 《이코노미스트 Economist》는 세계에서 가장 오래된 장수 기업을 소개한 일이 있다. 그런데 공교롭게도 세계에서 가장 오래된 이 기업은 우리 백제인이 오사카에 578년에 세운 곤고구미(金剛組)라는 건설회사다. 이 회사는 일본에서도 손꼽히는 사천왕사와 오사카 성을 세운 건설회사로 1,400여 년이라는 역사를 지니고 있었다. 그런데 불행하게도 2006년 7월 파산을 선고하며 문을 닫고 만다. 무엇이 문제였을까? 그 속사정은 알 수 없지만 끊임없이 변화하고 개혁하려는 노력을 게을리한 것이 패인은 아니었을까?

기업은 발전하고 성장하면서 끊임없이 변화와 개혁을 해야 한다. 성장의 정점에 도달하면 그때부터는 내리막길이기 때문이다. 삼성과 도요타 같은 일류 기업들의 속내를 들여다보면 변화와 개혁은 일상사처럼 쉴 없이 이어진다. 그 신선한 변화와 개혁의 바람은 일류 기업을 넘어 초일류 기업, 존경받는 글로벌 기업으로 성장했거나 성장하기까지 계속 진행된다. 이들 기업은 현재의 사상 최대 이익에 안주하지 않는다. 미래에 무엇을 먹고 살 것인지 끊임없이 다른 변화의 길을 모색한다. 그것만이 기업이 성장의 동력을 잃지 않는 유일한 수단이라는 것을 알기 때문이다.

기업이 지속적으로 성장하며 장수하기 위해서는 찰스 다윈이 《종의 기원》에서 주장한 대로 환경에 발 빠르게 적응하는 것이 중요하다. 적응의 방법에는 많은 것이 있겠으나 삼성이나 도요타처럼 미래를 위한 기술개발과 직원들에 대한 투자로 조직의 창조력을 끊임없이 끌어내는 일 또한 중요하다. 삼성과 도요타는 이를 통해 기업 내부로부터 '대내외의 환경적응 능력'과 '도전과 지속적인 혁신'이라는 목표를 자연스럽게 이끌어낼 수 있었다.

지난 1980년대 말 미국이 일본 경쟁력에 뒤쳐져 장기불황에 허덕이고 있을 때 캘리포니아 대학 주디스 버드윅(Judith Bardwick) 교수는 1991년 《안락 속에 위험Danger in the Comfort Zone》이라는 책을 출간했는데, 노동생산성 측면에서 미국의 경쟁력이 뒤지는 이유를 논리적으로 지적하여 크게 호평을 받았다. 저자는 미국 경제가 쇠락한 이유가 외부에 있는 것이 아니라 바로 미국인 자신에게 있다고 지적했다. 또 안락함을 즐기면서 일하지 않는 사람들을 '좀벌레'라 통렬이 비난하고 기업의 리더, 관리자들이 제 역할을 하지 않고, 제 몫 챙기기에만 열을 올리고 있다고 경종을 울렸다. 이는 결국 기업이 성장하는 데 있어 가장 큰 걸림돌은 외부 환경에 민감하게 적응하지 않는 사람이라는 뜻이다. 또 기업 성장의 전제 조건은 구성원 모두가 현재뿐 아니라 미래에 대해 언제나 위기의식(危機意識)을 갖는 데서 출발해야 함을 역설한 것이다.

위기(危機)라는 단어를 쪼개보면 위(危)기와 기(機)회로 구분된다. 현재 환경변화의 요인들은 과거에 비할 바가 아니다. 그 중에 가장 큰 것이 글로벌화, 경쟁 심화, 고객의 다양한 욕구, 정보화, 지식사회 도래, 다양한 조직원 등이다. 이 모든 위기의 벽을 넘을 때에야 비로소 위기의 기업에게 새로운 기회가 찾아온다. 바야흐로 지금은 변화와 혁신의 시대요, 혁자생존(革者生存)의 시대다.

해외에서 쏟아지는 삼성에 대한 찬사

뉴욕타임스의 충격보도

"하워드 스트링거(Howard Stringer) 신임 최고경영자(CEO)가 입사한 1997년, 소니는 한국의 TV 제조업체인 삼성전자를 거의 주목하지 않았다. 하지만 삼성전자는 10년 만에 다양한 상품과 고급 브랜드를 모두 갖춘 경쟁자로 부상했다. …… 소니의 주식 가치는 2000년 3월 1일 최고조에 달한 뒤 75%나 떨어지고 2004년 매출은 650억 달러, 순이익은 10억 달러에 그쳤다. 반면 삼성전자는 560억 달러 매출에 소니의 열 배인 100억 달러의 순이익을 올렸다."

《뉴욕타임스Newyork Times》의 기사다. 《뉴욕타임스》는 2005년 7월과

11월 두 차례에 걸쳐 삼성전자를 워크맨으로 세계의 전자산업을 이끌며 '잘 나가던' 10년 전 소니와 비교해 충격을 주었다. 실제로 삼성전자의 네 배에 달하던 소니의 주식 시가총액은 삼성전자의 절반 수준으로 내려앉았다. 《뉴욕타임스》가 평가한 삼성과 소니에 대한 기사를 좀 더 살펴보자.

"한 때 부피가 큰 TV와 카세트, 싸구려 라디오를 팔던 '뒤떨어지는' 브랜드 삼성전자는 아시아 외환위기 이후 생산라인을 업그레이드했다. 그리고 반도체를 위시한 고급 제품으로 소니와 직접 경쟁했다. 특히 매년 30억 달러의 광고비를 투자한 삼성의 브랜드 가치는 현재 소니를 능가한다. 이 같은 역전의 원인은 소니의 관료주의와 삼성의 효율적인 조직에 있다. 미국인 기술 애널리스트 조지 길더(George Gilder)는 이에 대해 '소니는 관료주의가 층을 이루고 있지만 삼성전자는 8만 8천 명의 직원 가운데 4분의 1이 연구개발에 종사하는 군살 없는 기업조직을 갖췄다'고 평가했다."

《뉴욕타임스》는 소니가 자존심을 접고 삼성전자와 함께 한국에 공장을 짓고, 포괄적 특허협정을 체결한 사실을 소개하며 "삼성은 아이팟(iPod) 신화를 이룬 애플 같기도 하고 동시에 세계 최고 기술의 전설을 이뤄낸 소니와도 같다"라는 길더의 말을 덧붙였다.

구분	삼성	소니
2004년 매출	550억 달러	720억 달러
순익	103억 달러	8억 51만 달러
직원수	12만 명	15만 명
시가총액	1,000억 달러	330억 달러
주가상승률	23%	-3%

2005년 7월 뉴욕타임스

벌써 20년이 흘렀지만 필자는 삼성물산의 일본 주재원으로 근무하면서 소니를 방문할 기회를 자주 가질 수 있었다. 당시 삼성에서 왔다고 하면 대부분의 사람들은 "삼성은 무엇을 하는 곳이냐?"가 첫 인사였다. 심지어는 삼성을 유모차 만드는 회사라고 생각하는 사람도 있었다. 공항에 가면 짐을 실어 나르는 카트에 삼성 로고가 새겨진 것을 볼 수 있었는데 그것을 유추하여 유모차 정도를 만드는 회사로 생각했던 모양이다. 삼성전자의 브랜드는 일본인의 입에 오르내리기는커녕 아는 이조차 없는 로컬 브랜드 수준이었다.

당시 소니는 워크맨 신화를 이어가며 미국의 콜럼비아(Colombia) 사를 인수할 정도로 대단한 회사였다. 경영혁신이나 연구개발은 물론, 신인사제도, 인재육성(특히 소니 연구소의 인력들의 인재교육 방법) 등과 같은 여러 가지 프로세스, 기업문화, 평가 제도는 일본은 물론 전 세계적으로도 소니가 최고라는 생각을 갖게 했다.

게다가 소니는 일본의 자랑이요 꿈이었다. 2차 세계 대전 후 어려운 시기에 탄생해 세계 일류로 성장한 새로운 성공 신화였다. 천재기술자 이부카 마사루(井深大)와 뛰어난 경영자 모리다 아키오(盛田昭夫)는 소니의 공동창업자로 일본의 비전과 같은 인물이었다. 더 큰 성공을 위해 오너 없는 전문 경영인 체제가 혁신적으로 도입되었고, 지배구조를 투명하게 하고, 사외이사 등 미국식 기업 시스템이 도입되었다. 그리고 그것은 이상적 모델로 각광받았다.

그러나 현재의 소니는 어떤가? 2006년 하반기 소니의 전망치가 그것을 단적으로 말해준다. 소니는 2006년 10월 19일 "2006 회계연도 영업이익 전망치를 당초 1천 3백억 엔에서 5백억 엔으로, 순이익 전망치는 1천 3백억 엔에서 8백억 엔으로 각각 하향 조정한다"고 수정 발표했다. 매출액은 당초와 다름없는 8조 2천 3백억 엔을 그대로 유지했지만, 매출액 대비 예상 영업이익률은 0.6%로 크게 낮아진 것이다. 소니가 예상 이익을 대폭 낮춘 이유는 리콜로 인한 노트북 PC용 전지의 회수 비용이 크게 늘어난데다 효자산업이었던 가정용 게임기의 판매가 부진하였기 때문이다. 노트북 PC용 리튬이온 전지의 리콜은 소니로서는 참으로 뼈아픈 일이다. 1991년 리튬이온 전지를 세계 최초로 개발해 노트북, 휴대전화, 디지털카메라 업체에 판매할 때만 해도 대적할 상대가 없는 듯했기 때문이다. 그러나 노트북 전지가 폭발 위험이 있는 것으로 확인되면서 소니는 리튬이온 전지를 전량 리콜할 수밖에 없었다. 결국

9백 60만 개나 되는 전지의 리콜을 단행했고 그 회수비용은 자그마치 5백 10억 엔에 달했다. 삼성과의 제휴로 불을 지핀 액정 TV, 디지털카메라 판매 등으로 벌어들인 이익금은 엔화 약세, 제품 결함, 게임기 판매 부진 등으로 한꺼번에 물거품이 되고 있는 형국이다. 이러한 상황에서 소니가 내세운 비장의 카드는 CEO의 교체였다. 최고경영자로 일본인이 아닌 외국인을 임명한 것이다. 이는 일본 기업으로서는 매우 이례적이고 강력한 변화였다.

돌이켜 보면 소니는 최근 몇 년 동안 본업에서 계속 밀렸다. 2003년 봄 최악의 실적으로 도쿄 주식시장을 뒤흔들었던 이른바 '소니 쇼크' 이후 두 차례의 구조조정을 통해 회복하는 듯했던 분위기는 최근 제품 결함 사실이 잇따라 불거지면서 다시 곤두박질치고 있다. 이에 대해 전문가들은 이렇게 평했다.

"소니의 현재 문제는 단순한 제품 결함 차원이 아니다. 아날로그 시대의 성공신화에 사로잡혀 디지털 시대의 대응이 늦어지면서 기술력에 대한 총체적인 자신감 상실, 이로 인한 사기 저하 등 근본적으로 문제가 산적해 있다."

'아날로그 제왕'으로 군림했던 소니가 '디지털 시대 적응'에 실패하고 있다는 것이 이들의 분석이었다. 전자와 컨텐츠 사업의 융합을 신시장

개척의 기치로 내걸며 매진했으나 변화하는 시대를 감지하지 못해 안 방조차 빼앗기고 있었던 것이다.

일본 언론들은 아날로그 시대 소니의 힘은 '기술력'이었지만 최근 이런 신화는 탈색되고 있다며 소니가 명성을 회복하기 위해서는 과거의 타성에서 벗어나는, 이른바 사즉생(死卽生)의 각오가 필요한 상황이라고 지적한다. 일본의 한 잡지는 소니를 이렇게 평가하기도 했다.

"소니의 경영위기는 오래 전부터 소문이 났다. 그러나 경영진은 이를 애써 부인했다. 소니는 위기 때마다 도약해왔다면서 이번에도 도약을 위한 진통이라고 했다. 소니는 소니만의 것이 아니다. 소니는 일본인의 긍지이다. 그런데 올림픽 경기에서 소니는 삼성이라는 선수에게 졌다. 일본인으로서 유감과 분통의 극치가 아닌가? 일본 국민을 실망시켰다는 점에서 소니 경영자와 사원은 책임이 지극히 중대하다 할 것이다."

전자왕국으로부터의 경계 메시지, 삼성이 두렵다

2~3년 전부터 일본 언론들은 엄청난 순이익을 만들어낸 삼성에 대해 집중 분석하는 기사를 쏟아내기 시작했다. 처음 언론의 논조는 단순한 사실(Fact)을 중심으로 한 '띄우기'처럼 보였다. 그러나 곧이어 '경계심'으로 발전하였고 급기야는 삼성이 일본 전자기업들을 궁지로 몰아넣고 일본 경제에 악영향을 미칠 것이라는 분위기로 몰아가고 있다. 일본의 〈마이니치每日〉신문이 발행하는 경제주간지 《이코노미스트 Economist》에 최근 실린 '일본 전자기업의 위기'라는 특집기사를 보면 이 같은 일본의 시선을 짐작할 수 있다.

"일본 전자업계가 삼성과는 대조적으로 고전을 면치 못하고 있는 이유는 근본적으로 훌륭한 경영 리더가 없기 때문이다."

일본은 지금 삼성의 급격한 성장을 질시 어린 시선으로 바라보다 못해 '일본에는 왜 이건희 회장 같은 경영자가 없나?'라는 한탄까지 쏟아내고 있다. 이 같은 일본의 분위기를 반영하는 사례가 바로 기타오카 도시야키(北岡俊明)라는 경영 컨설턴트가 쓴 《세계 최강 기업 삼성이 두렵다》라는 책의 출간이다.
이 책의 표지에는 한글로 "세계 최강의 기업 삼성의 놀라움!"이라고 적혀 있다. 이 책의 저자는 삼성을 외계 괴물 '에이리언(Alien)'으로 칭하고 "순이익 1조 엔, 세계 최강 기업을 해부한다!"라고 써놓아 책 서두만 읽어보아도 대충 어떤 내용이 들어있는지 쉽게 눈치챌 정도이다. 이책의 요지는 이러하다.

"투지도 전략도 없는 일본의 월급쟁이 CEO들은 정말 한심하다. 일본 업체들은 앞으로도 계속 삼성의 뒤를 따라가야만 할지도 모른다. 활력이 없는 일본 기업과 삼성과 같은 역동적인 한국 기업의 차이는 어디에서 생기는 것일까? 그것은 경영자의 전략능력과 의사결정의 차이다."

이 책은 이건희 회장은 천재 경영자이며, 일본 기업이 삼성을 이기려면 이건희 회장과 같이 100년 앞을 내다보는 리더가 필요하다고 주장한다. 그러나 일본의 언론이나 지식인 사회 일각에서 이렇듯 스스로를 비하해가면서까지 '삼성 예찬론'을 펴고 있는 것을 액면 그대로 받아들일 수는 없다. 삼성 또한 이 같은 사실을 그대로 받아들이고 있는 것 같지는 않다. 삼성의 한 관계자는 삼성에 대한 일본 언론의 평가에 대해 이같이 말했다.

"삼성에 대한 일본 언론의 평가는 일본인 특유의 겸손 화법이 반영된 것으로 액면 그대로 받아들여서는 안 된다. 스스로를 낮추는 일본의 이 같은 언급의 이면에는 삼성을 꺾겠다는 무서운 투지가 자리하고 있다. 최근 들어 삼성에 대한 보급로 차단, 포위 공격을 주장한 일부 언론의 시각이 오히려 일본의 본심에 가깝다고 본다."

재계의 다른 관계자들도 일본의 일부 언론과 지식인 그룹이 삼성의 경영권 상속을 둘러싼 논란이나 여러 비리 의혹 등은 거론하지 않은 채 장점만을 부각해 예찬론을 펴는 것은 '삼성 타도'를 위한 내부의 결속과 결의를 다지기 위한 의도라고 풀이하고 있다. 즉 삼성은 일본의 이같은 평가를 잘 나가고 있는 현실에 안주하면 언젠가는 다시 추락할 수도 있다는 일종의 경고로 받아들여야 한다는 것이다.

세계가 놀란 삼성웨이

이건희 회장이 2006년 9월 13일 밴플리트 상을 수상하기 위해 미국으로 출발했을 당시, 삼성을 바라보는 국내의 상황은 그리 우호적이지 않았다. 도피성 외유라는 보도가 주류를 이뤘다. 해외에서 최고의 경영자로 찬사를 받으며 극빈 대접을 받는 것과는 천양지차다. 반면 그 순간에도 도요타, 소니 등은 '한국의 특수성'을 감안하고라도 160억 달러의 브랜드 가치를 지닌 삼성의 폭발적 위력을 높이 평가하고 삼성웨이

(Samsung Way)에 대한 연구를 계속하고 있었다.

삼성웨이란 어떤 것인가? 삼성경영을 간단히 설명하면 'GE의 성과주의+도요타의 관리경영'이다. 실적이나 성과 면에서는 전 GE 회장 잭 웰치(Jack Welch)가 표방한 미국의 GE 방식이고, 조직에 대한 충성도와 철저한 관리경영은 가족 및 오너 체제를 중심으로 한 도요타 스타일이다. 미국의 능력주의와 일본의 연공서열의 장점을 우리 문화에 잘 접목한 것이라 할 수 있다. 여기에 이건희 회장만의 독특한 경영 스타일이 합쳐진 것이 바로 삼성의 경영, 삼성웨이다.

일본 기업들은 삼성을 이야기할 때 연공서열 체제를 깨고 성과와 능력 중심의 시스템을 만든 것을 부러워한다. 삼성재팬(Samsung Japan)의 한 임원은 얼마 전 한국 기자들을 초청한 자리에서 일본 기업들의 연공서열 문제점을 지적한 적이 있다. 회장→명예회장→상담역으로 이어지는 일본의 기업문화가 의사소통을 막고, 유연하고 창조적인 아이디어를 사장시킨다는 것이다.

삼성의 경영 모델이 되었던 도요타마저 삼성의 성과급 제도와 유연한 고용제도에 대해 관심이 많은 것으로 전해진다. 도요타의 브랜드 가치는 삼성보다 앞선 226억 달러로 세계 9위다. 도요타 자동차의 기업문화는 높은 조직 충성도와 종신고용의 대명사로 일본식 경영의 대표주자로 평가받아왔다. 이런 도요타가 이제는 삼성웨이에 관심을 기울일 정도로 삼성은 그 가치를 인정받고 있는 것이다.

기업들이 벤치마킹하는 삼성웨이의 실체는 크게 시스템 경영, 전략경영, 보상경영으로 분류된다.

먼저 '시스템 경영'에 대해 말하자면, 매주 수요일 열리는 사장단 회의나 최종 의사결정기구인 '9인 위원회'에 이건희 회장은 거의 참석하지 않는다. 그런데도 삼성 그룹은 잘 돌아간다. 이런 배경엔 시스템 경영이 자리하고 있다. 삼성의 경영혁신, 인력관리, 성과관리, 감사업무 등은 모두 시스템으로 구축되어 있다. 때문에 한두 명의 경영자가 기업 운영을 좌지우지할 수 없다.

또 삼성에는 '전략경영'이 잘 실천되고 있다. 목표를 설정하고 그곳에 도달하려 하는 것은 모든 기업의 공통된 패턴이다. 문제는 목표와 실현

| 세계가 놀란 삼성웨이 |

시스템 경영
• 삼성은 인적관리보다 시스템 관리를 중시, 시스템으로 기업 운영
• 경영혁신, 인력관리, 성과관리, 감사업무 등 모두 시스템으로 구축

전략경영
• '시나리오경영', '질경영', '신경영' 등은 모두 삼성의 전략경영
• 시장 선도자 전략, 사업구도 고도화 전략, 글로벌화 전략 등 대표적

보상경영
• 확실한 보상경영으로 임직원의 모럴해저드 예방
• 집단성과급제인 생산성 격려금과 이윤분배제도가 대표적

방법인데, 삼성은 급변하는 외부환경에 적응할 수 있는 '시나리오경영'이나 '스피드경영'을 들고 나온다. '질(質)경영'이나 '신경영'은 모두 전략적 목표를 뚜렷이 하여 구성원 모두가 목표를 응시할 수 있는 전략경영의 일환이다.

삼성의 '보상경영'은 성과에 대해 확실한 보상을 함으로써 임직원들이 업무에 몰두할 수 있는 기회와 동기를 만들어주는 견인차가 되고 있다. 이에 대해서는 4장에서 자세히 언급하기로 하겠다.

홍콩 최고의 호텔인 페닌슐라(Peninsula) 호텔은 값이 비싸더라도 호텔 내에서 쓰는 제품은 세계 최고급 제품을 쓰는 것으로 유명하다. 그런데 2006년 10월, 20년 간 써왔던 소니 제품을 포기하고 호텔 객실용 LCD 및 PDP TV 362대를 삼성전자 제품으로 교체했다. 호텔 손님을 포함한 다면평가를 한 결과 화질이나 디자인 면에서 삼성전자의 제품이 소니의 제품을 능가했기 때문이다. 이 호텔 안 마이클 총지배인은 "소니에게는 안됐지만 일등 호텔은 일등 제품을 써야 한다"고 말했다.

《포춘 Fortune》은 매년 세계에서 가장 존경받는 기업(Fortune Global Most Admired Companies)을 선정·발표한다. 2005년 삼성은 전체 39위에 머물렀지만 이번 2006년에는 12계단이나 뛰어올라 식품회사인 네슬레(Nestle)와 함께 공동 27위에 등극했다. 이에 반해 소니는 34위에 랭크되는 데 그쳤다. 《포춘》이 발표한 '세계에서 가장 존경받는 기업'은 단순히 매출이나 수익 규모로만 평가되는 것이 아니라 세계화, 혁신성, 구성원의 자질, 기업의 사회적인 책임 등 총 9개 분야에 걸쳐 평가해 선정된다. 삼성은 9개 평가요소(Nine Key Attributes of Reputation)에서 골고루 두각을 나타냈다. 이뿐만이 아니다. 중국을 대표하는 어떤 기업의 관계자들은 자신들을 취재하러 온 한국의 신문사 취재팀에게 삼성 같은 글로벌 리더기업이 되는 것이 목표라고 서슴없이 견해를 밝힌 바 있다. 그들은 삼성의 모든 것을 연구·분석하고 벤치마킹하고 있다며 특히 삼성이라는 브랜드가 명성을 얻기까지 전개한 마케팅 전략에 대해 지대한 관심을 표명했다. 또한 그들은 내부적으로 분석한 결과 삼성의 명성은 올림픽 후원 등 스포츠 마케팅을 적극적으로 활용했기 때문으로 보인다며, 자신들도 스포츠 마케팅을 전개하고 있다고 했다.

대만의 유명 IT 기업의 최고경영자는 삼성에 대해 이같이 말했다.

"최근 몇 년간 글로벌 마켓에서 삼성의 성장을 보면 놀랍기 그지 없다. 대만 기업들이 OEM이나 ODM 사업에 정신이 팔려 있을 때 과감히 브랜딩 전략을 구사, 세계적인 기업이 된 것을 보면 정말 대단하다고 생각한다. 우리도 삼성을 성장 모델로 삼고 있다."

그 외에 글로벌 취재 시에 만난 인도, 이스라엘, 영국, 미국, 일본, 중국, 대만, 프랑스, 독일 등지의 사람들도 한결같이 삼성에 대해 우호적인 평가를 내린다고 우리나라 기자들은 전한다.

일본엔 왜 이건희 회장 같은 경영자가 없나

도요타도 삼성에서 한 수 배운다

우리나라뿐만 아니라 동남아, 유럽 등 전 세계가 업종에 관계없이 도요타 배우기 열풍에 휩싸여 있다. 이 같은 열풍은 도요타의 생산 방식인 TPS(Toyota Production System)뿐 아니라, 도요타 속에 면면히 흐르고 있는 철학, 의식, 시스템, 제도를 배우기 위한 것이다. 전 세계가 도요타를 배우려는 것은 일본의 버블경제 붕괴 후 잃어버린 10년이 오히려 도요타에게는 '개선과 개혁의 10년'이었기 때문이다. 도요타의 철학과 변화의 기류는 기본적으로 '개선과 낭비 제거'이다. 이를 위해 도요타는 놀랍도록 압축된 실천 예제를 제시했으며 이것이 큰 효과를 보았다. 예를 들어 2001년 도요다는 도요타 조직 속에 흐르고 있던 경영상의 신념, 가치관을 전 직원 23만 명에게 체계적으로 이해시키기 위해 홍보자료를 만들 필요가 있었는데, 이때 만든 《도요타 웨이The Toyota Way》는 놀랍게도 14페이지밖에 되지 않는 분량이었다. 도요타는 이런 실천 과제들을 끊임없이 실천하여 잃어버린 10년을 개선과 개혁의 10년으로 변화시킬 수 있었다. 그 결과 매년 10조 원 이상의 이익을 지속적으로 낼 수 있었다. 그 결과 도요타는 이미 포드 자동차를 따라잡은 지 오래고, 이제 세계 최고의 GM을 능가할 날도 머지않은 것 같다.

아직은 시작에 불과하지만 도요타 배우기처럼 삼성식 경영을 배우려는 국내외 기업들이 적지 않다. 심지어는 일본 도요타 자동차도 삼성전자의 임원 급여와 보너스(성과급, 스톡옵션 등) 체계를 벤치마킹하고 있다. 이 같은 사실은 도요타의 대외 홍보 담당인 가나다 신(金田新) 상무의 말을 통해 알 수 있다.

"삼성전자의 임원 급여를 수년 동안 분석해온 결과 동기부여에 강점이 있어 도입을 검토하고 있다."

삼성전자 관계자도 2000년 이후 도요타와 최고 경영층 간에 교류를 해왔으며, 이미 도요타가 삼성의 인사시스템과 성과급에 대해 상당부분 분석을 끝낸 것으로 알고 있다며 이를 확인해주었다.

도요타 임원 60여 명의 평균 급여는 약 2천 8백만 엔, 조 후지오(張富士

夫) 전 사장의 연봉은 5천만 엔 정도로 알려져 있다. 적지 않은 금액이지만 도요타 관계자가 다음과 같이 말한 것을 보면 도요타 내의 보상 체계가 삼성에 비해 많이 미흡하다는 것을 짐작할 수 있다.

"일본의 임원 급여는 물가가 비싼 데도 삼성전자의 임원 평균 급여보다 절대 액수조차 적다. 이사회 멤버만 따져보더라도 삼성전자의 7~10분의 1 수준이다. 2000년 이후 매년 1조 엔(10조 원) 이상 영업이익을 내고 있지만 5년째 기본급을 동결하여 회사만 부자고 직원은 가난하다는 사내 불만이 커지고 있다."

도요타 관계자만 이를 지적한 것이 아니다. 일본의 한 교수는 도요타는 그동안 연공서열과 회사에 대한 충성심을 신념으로 지켜왔지만 앞으로 도요타 가(家) 4세 시대에는 성과급 등 미국식 경영을 도입해야 할 것이라고 분석한 바 있다.

과거에는 삼성이 GE와 도요타를 배웠지만 요즘엔 글로벌 기업들까지 삼성경영을 배운다. 특히 나란히 순이익 100억 달러를 넘은 도요타 자동차와 삼성전자는 곧잘 비교 대상으로 화제에 오른다. 《이코노미스트》가 최신호(2006년 4월 5일자)에서 다룬 '삼성과 도요타의 돈 버는 방법 차이' 라는 기사를 한번 보자. 이 기사를 쓴 스기야마 무사시 정보개발 대표는 사업 착수의 주도 면밀함, 고객 중시, 자체 교육 기관을 통한 인재육성에 있어 삼성과 도요타가 비슷한 점이 많다고 지적했다. 그러나 이익을 추구하는 방법에 있어서는 두 회사가 현저히 다른 방식을 취한다고 밝혔다.

"삼성전자의 강점은 특정 사업에 집중 투자해 승부를 거는 '스피드'로 요약된다. 경영자원이 될 만한 사업에 집중투자하고 빠르게 시장을 공략하는 전략은 일본 기업이 따라가기 어렵다. 삼성전자는 주로 일본 기업이 제품을 내놓은 입증된 시장에 참여해 스피드로 시장을 지배한다. '기술'을 중시하는 일본 메이커와 달리 삼성전자는 정확한 시장조사, 주도 면밀한 준비, 결단력으로 수익을 거두는 '시장 중시형'이다.

도요타는 집중투자로 즉시 결과를 추구하는 삼성과 달리 이익을 내기 위한 '구조(기반) 만들기'를 중시한다. 삼성의 이익은 '프로의 이익'이지만, 도요타의 이익은 굳건하고 풍부한 자산으로부터 배어나오는 '축적된 이익'으로 이익의 질에서 상당한 차이가 난다."

삼성 따라하기에 분주한 국내 기업들

"돈이 필요하면 은행에 가고, CEO가 필요하면 GE에 가라."

이 말은 CEO 시장이 발달해 있는 미국에서 GE가 스타급 CEO들을 많이 배출하면서 생긴 말이다. 그러나 미국에 GE가 있다면 한국에는 삼성이 있다. 삼성은 그만큼 CEO급 인재양성소라 할 만하다.

다른 기업으로 말을 옮겨 탄 삼성 출신의 CEO들은 취임과 동시에 한결같이 삼성 시스템을 도입하는 데 열성적이다. 기업 나름대로 그동안 쌓아온 인사원칙을 배제하고 시스템 인사로 바꾸는가 하면, 삼성 그룹을 본뜬 조직과 운영방식을 만드는 데도 열심이다. 그들이 이렇게 하는 이유는 단 하나, 그러한 운영방식이 성과를 내는 데 필수적이라고 판단하기 때문이다.

삼성식 경영을 배우려는 움직임은 국내 기업에서도 많이 찾아볼 수 있다. 일례로 김준기 동부 회장, 김승연 한화 회장, 이웅열 코오롱 회장 등은 삼성의 시스템 경영, 전략경영, 보상경영 등을 배우기 위해 임직원들을 독려하고 있다. 2006년 김승연 회장은 54주년 기념사에서 "글로벌 시대에 둥지만 지키는 텃새는 필요 없다. 철새의 본능을 배워라"라고 임직원들을 독려하면서 그 실천 방안으로 인재확보와 육성을 강조했는데, 이는 삼성의 맥락과 다를 게 없다. LG그룹도 2004년부터 '삼성경영 배우기'를 적극 추진하고 있다.

삼성경영을 배우는 것은 비단 기업뿐만이 아니다. 정부도 삼성경영을 배우고 있다. 기획예산처의 임원 70여 명은 삼성인력개발원에서 교육을 받은 바 있고, 통일부 역시 삼성 그룹의 사내 인트라넷인 '마이싱글'과 삼성경제연구소의 홈페이지를 집중적으로 벤치마킹한 바 있다. 통일부 내에 '통일포털'이라는 온라인 시스템을 구축하기 위해서였다. 보수적이기로 유명한 감사원은 삼성경영 가운데 성과급 제도와 연봉제에 관심이 많다. 또한 세계적인 수준으로 평가받는 삼성 그룹의 정보수집 능력에 대해서도 관심을 두고 있다. 외교통상부 외교안보연구원은 삼성의 경영전략 가운데 인재양성 프로그램에 눈독을 들이고 있는데, 특히 해외주재원 전문가 양성프로그램을 벤치마킹하기 위해 삼성인력개발원에 손을 내밀었다.

삼성인력개발원을 직접 찾지 않더라도 '삼성정신'을 배우려는 움직임은 여기저기서 눈에 띈다. 국무총리실 고위 임원들은 2005년 '국무총리실이 망하는 길'이란 토론회를 벌였다. 행정서비스의 효율 극대화 방안을 찾기 위해 삼성이 즐겨 쓰는 시나리오경영이 국무총리실에도 등장한 것이다. 환율이 떨어지고, 국제 유가가 치솟는 상황에서 경영계획을 어떻게 짜야 할 것인지를 놓고 다양한 의견이 오고 갔다. 과거에는 볼 수 없는 광경이다. 금융결제원은 삼성의 신개혁을 벤치마킹하기 위해 강연회를 가졌다. 이에 대해 이상헌 금융결제원장은 "조직 구성원들에게 위기의식을 심어주기 위해 삼성 개혁을 배우게 됐다"고 말했다.

2004년, 삼성전자가 무려 10조 원이 넘는 순이익을 달성하고 100억 달러 클럽에 무난히 가입하자 전 세계의 글로벌 기업들이 삼성의 경영방식에 주목했다. 이제 삼성은 한국의 기업을 넘어 글로벌 기업에서 초일류 기업으로 인정받고 있으며, 삼성경영은 세계 초일류 기업경영 기법의 하나로서 연구대상이 되었다.

동부 그룹은 왜 삼성 배우기에 전념할까?

삼성배우기에 가장 열정적인 그룹은 동부 그룹이다. 김준기 동부 그룹 회장은 1998년부터 삼성배우기에 나섰다. 시스템 경영을 강조하며 삼성출신 CEO급 인사들의 영입을 독려한 결과 현재 주력 계열사 대표의 절반 이상이 삼성 출신이다.

김준기 동부 그룹 회장이 삼성 출신을 영입하는 가장 큰 이유는 삼성의 '시스템 경영'을 배우기 위해서다. 삼성이 세계적인 기업으로 성장할 수 있었던 배경에는 시스템이 존재하기 때문이라고 믿고, 동부도 이를 철저히 벤치마킹하려는 것이다. 삼성 출신의 인재를 찾는 사람들이 가장 많이 언급하는 부분도 바로 이 점, 삼성의 시스템을 배우고 싶다는 것이 대부분을 이룬다.

동부 그룹의 대표적인 삼성 출신 인물들을 살펴보자. 동부 그룹은 이명환 삼성SDS 전 사장을 스카우트해서 시스템 경영이 동부 그룹에 적용되도록 적극 지원했고, 이명환 부회장이 경영 일선에서 물러나자 삼성 회장 비서실 출신으로 인사통이라 불리는 조영철 사장을 후임으로 앉혔다. 현직에서 활동 중인 CEO로는 최성래 동부한농 사장, 김순환 동부화재 사장, 조재홍 동부생명 사장, 임동일 동부건설 부회장, 오영환 동부일렉트로닉스 사장, 천주욱 동부제강 사장 등이 있다. 특히 임동일 동부건설 부회장은 삼성중공업과 삼성전자, 삼성항공 정공부문 대표 등 27년간 삼성에서 재직했던 인물로 2005년 동부 그룹과 인연을 맺었다. 오영환 동부일렉트로닉스 사장은 대표적인 CTO 출신 CEO다.

삼성 그룹에 구조조정본부가 있다면 동부 그룹에는 지주회사격인 (주)동부가 있다. 이곳에서 계열사의 최고경영자를 만드는데, 김준기 회장은 자신이 회사 경영에 직접 나서지 않아도 최고경영자들이 최선을 다해 일하고 경영성과에 따라 평가받는 시스템이 구축되길 바랐다. 그런 이유로 삼성 출신이 CEO로 대거 영입되었고, 그 결과 목표관리와 경영평가 부분에서는 삼성 못지않은 시스템이 구축되었다. 여기에 그치지 않고 동부는 실적 위주로 최고경영자를 평가할 수 있는 전략기획실(과거 구조조정본부) 기능을 강화했다. 일부에서는 황제경영으로의 회귀라고 비판하지만 이는 전략기획실을 통해 회장과 계열사를 연결시키는 삼성의 '삼각편대 경영(회장-구조본-계열사)'을 벤치마킹한 것이다.

더구나 2006년 11월 김준기 회장은 주요 임원회의에서 ㈜동부가 컨트롤 타워를 맡고 동부 그룹은 소재·화학·금융·건설 등 4개 사업부문으로 나누어 맡는 독립경영을 강력하게 주문했다. 이와 관련하여 김준기 회장은 다음과 같이 말했다.

"동부 그룹을 나(회장) 중심의 그룹으로 생각지 말고 각자 독립된 그룹으로 만들어 자율경영에 나서라. 나는 이제 코치의 역할만 할 뿐 실제로 그라운드를 뛰어야 하는 필드 플레이어는 각 부문의 CEO들이 맡아야 한다."

이러한 소그룹 제도는 1990년대 초에 그룹이 전자·화학·중공업·금융 등 사업 분야별로 책임경영을 강조했던 것과 거의 동일하다. 이는 동부가 삼성인력을 대거 채용하여 인적 자원을 확보한 후 이제부터는 조직체계를 삼성식으로 바꿔 효율성을 강화하겠다는 전략의 일환으로 풀이할 수 있다.

어디 삼성 출신 없습니까?

시스템의 한계 때문에 성장·발전이 가로막혀 있는 많은 중소기업들은 삼성의 임원을 스카우트해서라도 삼성이 가지고 있는 선진적 시스템을 갖추고 싶어한다. 이런 경향은 커리어 케어라는 헤드헌팅 회사를 하고 있는 신현만 대표의 말을 통해서도 짐작할 수 있다.

"최근 몇 년 사이에 헤드헌터 이력서의 제일 앞 표기에 변화가 있습니다. 예전에는 이력서에 MBA를 졸업했고 어느 유명학교를 졸업했다는 꼬리표를 다는 것이 많았다면 이제는 삼성에 근무했다는 경력을 쓰는 경향이 많아졌습니다. 심지어 10년 전에 잠시 근무했던 경험마저도 '나는 삼성맨이다' 라고 쓰는 사람이 있습니다."

이미 삼성 출신만을 전문적으로 취급하는 헤드헌팅 회사가 10여 개에 이르고 있다. 비단 몇 년 사이에 이력서의 첫 제목이 '삼성' 으로 바뀌고 있으며, 이력서 헤드라인에 '내가 삼성 출신이다' 라고 쓰는 사람도 늘고 있다. 이 같은 경향은 삼성 인재를 영입하려는 기업들이 그만큼 많다는 것을 반증한다. 한 중견 그룹의 회장에게 삼성 출신을 굳이 뽑으려는 이유를 묻자 다음과 같이 대답했다.

"시스템을 정비하고 싶다. 이제 큰 회사가 되었고 상장한 기업도 몇 개 있는데 누구에게 맡기겠는가를 고민하다 보니 삼성에 다녔던 사람들이 시스템을 정리하는 데 맞는 것 같다."

그 회장은 결국 삼고초려 끝에 삼성 출신을 모셔갔다.

기업들이 삼성 출신 임원이나 직원들을 좋아하는 이유는 이 외에도 여러 가지가 있다. 가장 일반적인 이유는 한두 회사를 빼고는 모든 계열사가 톱(Top) 순위에 있어 해당 임직원들이 업무에 대해 넓은 시각과 많은 노하우를 가지고 있다는 점이다. 애초부터 우수한 인재들이 들어와 삼성의 인재양성 프로그램으로 육성되는 점도 한 이유다. 필자가 일본에 있을 때 자기네는 삼성을 이길 수 없다며 엄살을 떠는 어느 일본 대기업 사장을 만난 적이 있는데, 그 이유 중 하나가 대한민국의 인재는 삼성이 모조리 독식하고 있기 때문이라고 했다. 일본 기업에는 어느 정도 인재가 분산되어 있는데, 한국은 삼성이 인재를 싹쓸이한다는 것이다. 대기업 선호 풍조를 농한 것이겠으나 삼성의 신입사원들이 매우 경쟁력이 있는 상태에서 입사하여 시스템에 의해 성장하는 것은 분명한 사실이니, 다른 기업들이 이들을 데려가고 싶은 것은 어찌 보면 당연한 이치라고 할 것이다.

2006년 3월 헤드헌팅 업체 HR파트너스가 155명의 헤드헌터를 대상으로 실시한 조사결과를 보면 응답자의 70%가 '삼성 그룹' 출신(복수응답)을 선호하는 것으로 나타났다. 이들의 12%는 특히 삼성전자 출신을 선호한다고 답했다. 삼성 출신의 사람들을 뽑으려는 이유에 대해서는 ❶ 글로벌 기업에서 익힌 넓은 시야 ❷ 폭넓은 거래처와 네트워크 ❸ 시스템 경영의 체질화 등을 꼽았다. 또 삼성의 인재를 스카우트하는 곳은 주로 삼성식 경영시스템을 배우고 싶어하는 중견 기업들로 나타났다.

삼성 출신 임원들은 동부 그룹 이외에도 산업계 곳곳에 포진되어 있다. SK텔레콤의 김신배 사장은 삼성전자와 회장 비서실 출신이고, 롯데호텔 장경작 사장은 삼성 그룹 비서실과 서울 웨스틴조선호텔 대표이사를 거친 인물이다. 아주그룹 김재우 부회장 또한 재계의 대표적인 삼성 출신으로 벽산을 거쳐 2005년 말 아주그룹 부회장으로 영입되어 아주산업, 아주레미콘 등 건자재 분야를 전담하고 있다. 김일태 위니아만도 사장은 삼성전자 경영혁신 팀장과 멀티미디어본부 해외사업본부장 등을 거쳐 2004년부터 위니아만도에 몸담고 있다.

삼성 출신 금융계 CEO 중에선 황영기 우리금융지주 회장이 돋보인다. 황영기 회장은 삼성생명, 삼성증권 사장 등을 거친 후 지난 2004년 우리금융지주 회장에 선출됐다. 한화그룹 금융계 CEO 중에선 신은철 대한생명 부회장과 권처신 신동아화재 사장이 삼성 그룹 출신이다.

국내에 진출해 있는 외국계 기업에도 삼성에서 잔뼈가 굵은 '삼성맨'

들이 늘고 있다. 대표적인 인사는 GE코리아 이채욱 회장이다. 그는 삼성물산 해외사업부 본부장과 삼성·GE 조인트벤처의 대표를 지냈다. GE의 한국 사업을 총괄하는 이채욱 회장은 지난 2005년 9월 한국인으로는 처음으로 GE 본사가 매년 경영자급 핵심인력 30여명을 선발해 실시하는 최고경영자 개발 교육과정에 참가해 주목을 받았다. 올림푸스 한국 방일석 사장, 한국코닥 사장에 영입된 김군호 사장 역시 1984년 삼성전자에 입사해 상품 기획과 마케팅, 글로벌 브랜드 전략을 추진했던 인물이다.

삼성 출신으로 독자적으로 회사를 키운 CEO들도 있는데, '아이리버'로 유명한 레인콤의 양덕준 사장이 대표적이다. 그는 삼성전자에서 20여 년 동안 반도체 관련 업무를 하다 독립한 케이스다.

삼 성 의 핵 심 인 재,
어 떻 게 뽑 고 가 르 치 나 ?

"오래전부터 5~10년 뒤 우리나라가 무엇으로 먹고 살아가야 할지 고민했는데 '바로 이거다' 하는 것이 떠오르지 않았다. 세상의 흐름이나 기술 발전이 너무 빠르기 때문이다. 그래서 내린 결론이 미래를 책임질 수 있는 뛰어난 인재를 찾아내고 키우자는 것이었다."

삼성의 2010 프로젝트

2005년 삼성 그룹은 그룹 창립 이후 최대 규모의 중장기 R&D 투자계획을 발표했다. 미래 성장엔진 개발을 위해 향후 5년간 연구개발(R&D) 분야에 총 47조 5천억 원을 투자하고 연구 인력 3만 명을 새로 뽑는다는 내용으로 이루어진 일명 '2010 프로젝트'가 그것이다.

2010 프로젝트는 경기 용인 삼성종합기술원에서 열린 '2005 삼성기술전'에서 발표되었는데 주요 내용은 다음과 같다.

'반도체, 디스플레이, 이동통신 등 전자·기계 및 화학 분야 핵심기술에 R&D 투자를 집중키로 했다. 특히 투자계획의 실현을 위해 5년간 매년 6천명씩 총 3만 명의 R&D 인력을 신규 채용키로 했다. 이와 별도로 기초 기술 개발과 산학협력 연구개발에 5년간 4조 원, 협력업체 경쟁력 강화에

1조 2천억 원 등 총 5조 2천억 원을 투입할 계획이다.'

투자가 완료되는 2010년이면 차세대 성장엔진을 중심으로 '캐시카우 (Cash Cow, 수익 창출원)' 역할을 할 세계 1위 제품이 현재 21개에서 50 개로 대폭 늘어나 명실공히 세계 초일류 기업의 반열에 오를 것으로 삼 성은 예상했다.

이 같은 투자계획은 글로벌 경쟁에서 살아남기 위해서는 '기술경영' 이 필수적이라는 판단과 함께 최근 그룹에 닥친 각종 악재에도 불구하 고 흔들림 없이 기업 본연의 길을 걷겠다는 의지의 표명으로 해석된다. 이러한 삼성의 야심은 그저 청사진으로 발표한 것에만 그친 게 아니라 구체적인 실천 사실을 지속적으로 공개하여 세계를 놀라게 하고 있다. 삼성전자와 미국의 이동통신사 스프린트, 넥스텍, 인텔, 모토로라 등 4 개사는 2006년 8월 8일 뉴욕 맨해튼에서 와이브로(WiBro) 분야 협력 및 상용 서비스를 위한 전략적 제휴를 체결했다. 삼성전자의 이기태 사장 은 와이브로의 미국 시장 진출은 정부와 중소기업, 삼성전자의 긴밀한 협력이 이뤄낸 'IT 코리아의 성공신화'라며 와이브로가 한국의 차세 대 먹거리가 될 수 있을 것이라고 기대감을 나타냈다. 삼성전자는 한국을 시작으로 유럽(이탈리아, 크로아티아), 북미(미국), 남 미(베네수엘라, 브라질), 아시아(일본) 등 각 대륙 7개국에서 9개의 메이 저 사업자와 와이브로 공급 및 상용화를 추진해왔다. 와이브로 시스템과 단말기를 포함한 세계 시장의 규모는 2007년 1조 6천억 원, 2008년 3조 8천억 원, 2009년 6조 6천억 원 등 매년 고속 성장을 거듭, 2010년에는 11조 6천억 원에 이를 전망이다.

또한 삼성은 2006년 9월 세계 최초로 40나노미터(nm) 32기가비트(Gb) 낸드 플래시메모리 반도체 개발에 성공했고 2006년 10월에는 50나노 D램 공정을 경쟁사보다 1년 앞당겨 개발하여 반도체 역사를 새롭게 쓰고 있다. 1999년 256메가비트(Mb)에서 2000년 512메가, 2001년 1기가, 2002년 2기가, 2003년 4기가, 2004년 8기가, 2005년 16기가에 이어 2006년에는 32기가 개발에 성공함으로써 황창규 사장이 주장한 '황의 법칙'을 7년째 입증해보인 것이다. 황창규 삼성전자 반도체총괄 사장은 이러한 성과에 대해 다음과 같은 말로 자신감을 나타낸 바 있다.

"2010년에는 매출 400억 달러(약 38조 원)를 올리는 등 삼성전자 반도체 부분이 인텔 등을 제치고 메모리와 비(非)메모리를 통틀어 반도체 분야에서 세계 1위 기업이 되도록 만들겠습니다. 다양한 반도체 포트폴리오를 기반으로 매년 20% 이상 성장하면 2010년에는 지금의 두 배 수준인 매출 400억 달러도 충분히 달성할 수 있을 것입니다."

삼성의 2010프로젝트의 꿈은 세계의 주도권을 쥐기 위한 계획들을 하나하나 완성시켜 가며 현재도 계속 진행형이다.

왜 천재경영론인가? 1명이 10만 명을 먹여 살리는 시대

이건희 회장이 인재를 중시해온 건 오래전부터의 일이다. 선친인 이병철 회장도 '인재제일'이라는 단어를 사훈으로 정할 정도로 인재에 깊은 관심을 가져왔다. 그 관심은 뽑은 인재들을 여러 프로그램으로 교육하는 국내 다른 기업의 정도를 뛰어넘는 수준이었다. 이병철 회장에 이어 이건희 회장은 좀 더 적극적이고 체계적인 인재제일 정책을 가동했다. 인재가 있다면 국내·국외를 가리지 않고 초빙해왔고 그에 맞는 대우와 교육으로 뒷받침하기 시작했다. 이것은 이건희 회장 시대에 변화된 환경 때문이다.

2003년 6월, 이건희 회장은 신경영 선언 10주년을 기념하여 이른바 '천재경영'을 선언한다. 삼성이 초일류 기업으로 거듭나기 위해서는 천재를 모셔오든지 아니면 길러내든지 하여 그들로 하여금 세계 초일류 제품을 만들도록 해야 한다는 것이다. 거기에 덧붙여 디자인 부문에서도 세계 초일류를 향해 나아가겠다고 선언했다. 이건희 회장의 천재경영론의 요지는 다음과 같다.

"오래전부터 5~10년 뒤 우리나라가 무엇으로 먹고 살아가야 할지 고민했는데 바로 이거다 하는 것이 떠오르지 않았다. 세상의 흐름이나 기술 발전이 너무 빠르기 때문이다. 그래서 내린 결론이 미래를 책임질 수 있는 뛰어난 인재를 찾아내고 키우자는 것이었다. 21세기는 변화가 너무 심해 세상이 어떻게 달라질지 누구도 점치기 어렵다. 이러한 시기에 우리나라가 5년, 10년 후에도 먹고 살아가기 위해서는 중국 같은 나라들이 쫓아오기 어려운 첨단산업을 빠른 시일 내에 찾아내고 키워야 한다. 첨단산업이 경쟁력을 가지려면 분야별로 천재급 인재를 많이 확보하는 것이 중요하다. 세상이 어떻게 변하든 분야별 천재들이 포진해 있으면 두려울 것이 없다. 21세기는 두뇌전쟁의 시대다. 21세기에는 모든 지식과 정보가 1등에게만 모이게 되므로 약자는 더욱 더 약해질 수밖에 없다. 어느 분야에서든 1등만이 살아남고 나머지 기업이나 국가는 1등 국가와 1등 기업의 하청공장으로 전락하여 근근이 먹고 살게 될 것이다."

이건희 회장은 앞으로 천재급 인재 한 사람이 수만, 수십만 명의 일을 대신해줄 것이라면서, 그 대표적인 예로 미국의 빌 게이츠(Bill Gates)를 꼽았다. 빌 게이츠가 소프트웨어 하나를 개발해내면 연간 수십억 달러의 매출은 물론 수십만 명에게 일자리가 제공된다는 것이다.
이건희 회장의 천재경영론은 일본이나 미국보다 땅도 좁고 시장도 자본도 작은 우리나라가 경쟁력을 가질 수 있는 가장 강력한 도구가 되리라 전망된다.

"총칼이 아닌 사람의 머리로 싸우는 두뇌전쟁의 시대에는 결국 뛰어난 인재, 창조적인 인재가 국가의 경쟁력을 좌우하게 됩니다. 천재와 우수 인재를 많이 보유하고 있는 국가나 기업이 경쟁에서 이기게 된다는 게 나의 신념입니다."

이건희 회장, 2003년 동아일보와의 회견에서

삼성이 인재확보에 심혈을 기울이자 국내의 다른 기업들도 삼성이 강조하고 있는 인재경영의 중요성에 대해 관심을 갖기 시작했다. 창의력이 풍부하고 아이디어가 넘치는 인재 한 명이 10만 명을 먹여살릴 수 있다는 말이 허황된 소리가 아니라고 느꼈기 때문이다. 인재의 중요성은 이미 어제 오늘의 일이 아니다.

GE의 전 회장 잭 월치도 "내 업무의 70%는 인재 확보다"라고 말할 만큼 인재경영을 중시해왔다. 이는 이건희 회장이 기회가 있을 때마다 강조한 "5년, 10년 후 명실상부한 초일류 기업으로 도약하기 위해서는 인재를 조기 발굴하고, 체계적으로 키워내는 노력이 필요하다"라는 말과 일맥상통한다.

2003년 6월 신경영 10주년을 맞은 이건희 회장이 말한 '제2의 신경영'과 '천재경영'을 좀 더 면밀히 살펴보자. 신경영과 천재경영을 간단히 말한다면 10년 후 미래를 대비하기 위해 천재와 같은 수준으로 인력을 키우고 이들로 하여금 회사를 성장시키고 발전시키는 원동력으로 삼겠다는 것이다.

이건희 회장이 이러한 핵심인재경영을 강조한 시점은 이보다 10년 전인 1993년으로 거슬러 올라간다. 그는 질경영을 강조한 신경영 1기부터 인재의 중요성을 늘 주장해왔다. 그리고 제2 신경영을 시작하는 2003년부터 인재의 화두를 천재경영으로 다시 강화한 것이다. 치열한 경쟁 상황 속에서 불확실한 미래를 예측하고 성과를 내기 위해서는 인재양성밖에 방법이 없다는 강한 신념이 이전의 경험과 더해져 확연해진 결과다.

신경영 2기를 맞아 선포한 삼성의 목표는 2010년까지 초일류 초국적 기업이 되는 것이다. 이를 실현하기 위해 삼성은 다음과 같은 4대 핵심 전략을 선포했다.

❶ S급, A급 등 핵심 우수인력을 확보하고 육성하는 인재경영 실천

❷ 어떤 환경에서도 지속 성장이 가능한 강건한 경영체질 확보 및 세계 1등 제품과 서비스 경쟁력 확보에 가일층 노력

❸ 새로운 성장엔진으로서 신수종 사업 발굴 및 육성

❹ 정도경영, 투명경영을 통한 사회 친화적 경영과 기업 이미지 · 브랜드 가치 제고

4대 핵심전략 가운데 천재급 인재의 중요성을 첫 번째로 강조한 이유는 신경영 2기의 성패가 설비투자에 앞서 핵심 신기술을 이끌고 갈 인

재에 있음을 인식했기 때문이다.

핵심인재를 영입하는 열성은 이건희 회장의 장남인 이재용 삼성전자 상무도 결코 뒤지지 않는다. 삼성 본관 25층에 자리잡은 그의 방에는 '삼고초려(三顧草廬)'라는 글귀가 담긴 액자가 걸려 있다. 한 사람의 특급 인재를 영입하기 위해서는 유비가 제갈량을 상대로 삼고초려를 했던 것처럼 성심을 다하겠다는 의지에 따른 것이다. 이재용 상무는 최근 그룹 내 상위 20% 내에 드는 연구개발(R&D) 인력을 장차 S급 인력으로 양성하기 위한 방안 마련에 나서고 있다. 핵심인재를 얼마나 확보했느냐 여부로 연말 인사평가를 받는 주요 계열사 CEO들 역시 해외 우수인재를 유치하기 위해서라면 현지로 날아가 당사자를 직접 설득하는 노력도 게을리하지 않는다.

경영전략가나 일류 기업들의 CEO들은 핵심인재들을 유인할 수 있는 기업들은 번창하겠지만 그렇지 못한 조직은 급속히 쇠퇴할 것이라 예견하며, 이제는 핵심인재의 유입과 유출이 향후 기업경쟁의 판도를 좌우할 것이라 믿고 있다. 그렇게 되면 유능한 최고경영자와 임원의 보유 여부가 핵심이라는 결론에 자연스럽게 도달하게 된다. 그 때문에 GE와 같은 세계 일류 기업들은 지금도 업종과 국경을 넘어서 핵심인재를 확보하기 위해 전력을 다하고 있다. 이른바 '인재전쟁(War of Talent)'이 시작된 것이다.

우수인력 확보는 비단 기업에게만 강조되는 것이 아니다. 비근한 예로 축구를 들 수 있다. 우리는 월드컵에서 한국 축구가 한 사람의 지장(知將)에 의해 어떻게 달라졌는가를 목격한 바 있다. 히딩크(Guus Hiddink) 감독은 똑같은 재질(材質)의 선수들을 조련해 월드컵 4강 신화를 만들었다. '감독 하나 바꾸었을 뿐인데' 라고 우리 스스로 놀라워할 만큼 감독의 뛰어난 리더십과 전략은 주요했다.

다시 기업으로 돌아와 일본의 경우를 들여다 보면 그 결과가 좀 더 명확하게 보이는 사례가 있다. 일본의 중소기업 니치아(日亞)가 그 경우인데 니치아에는 2002년 노벨 화학상을 수상한 나카무라(中村修二)라는 인재가 있었다. 그는 회사측의 반대에도 불구하고 2년 동안 고독한 싸움을 벌였다. 회사의 주력 제품을 조명용 형광체에서 청색 LED(발광 다이오드)로 바꾸기 위해서였다. 아무도 확신하지 못한 제품의 미래를 믿고 투자한 결과 1993년 1천 6백억 엔 정도의 매출 규모였던 회사는 2001년 8천억 엔의 회사로 커졌다. 이런 사례를 보아도 핵심인재 한 명이 기업과 국가의 동력이자 부의 원천임을 알 수 있게 된다.

기업 사활, 인재에서 시작해 인재로 끝난다

《좋은 기업을 넘어 위대한 기업으로Good to Great》의 저자 짐 콜린스 (Jim Collins)는 위대한 기업을 다음과 같이 정의했다.

> "위대한 기업으로 도약시키는 회사들은 새로운 방향, 새로운 비전과 전략을 세우고 난 후 사람들을 버스에 태우고 그 방향에 헌신케 한 것이 아니라, 적합한 사람들을 먼저 버스에 태운다. 그러면 적합한 사람들은 부적합한 사람들을 버스에서 내리게 한 후 어딘가 있을 멋진 곳으로 버스를 몰고 갈 방법을 생각하게 된다."

이는 우수 핵심인재 확보가 절체절명의 과제임을 역설적으로 드러낸 것이다. 이 문제는 비단 삼성 그룹뿐 아니라 글로벌 대기업들의 공통된 현안이다. 빌 게이츠는 인재가 있는 곳이라면 국적을 가리지 않고 자가용 비행기로 직접 날아간다. 대만은 신주 공업단지를 육성하면서 비벌리힐스 수준의 주택가와 외국인 학교 등을 조성해놓고 해외의 최고급 인재를 스카우트하고 있다. 모두 인재확보를 위한 노력의 일환이다. 이처럼 첨단산업에서 대기업들은 새로운 산업을 창조할 수 있는 천재 모셔오기 경쟁에 열을 올리고 있다.

삼성전자의 윤종용 부회장은 '지속 가능한 미래'를 위해 부단히 노력하는 경영자로 알려져 있다. 그는 단순히 미래를 예측하지 않고 끊임없는 변화와 혁신을 통해 '일류 삼성'을 창조하는 데 힘써왔으며, 이건희 회장의 뜻을 이어 인재경영에 대한 의지도 남다른 것으로 알려져 있다. 그의 어록들을 잠시 살펴보자. 삼성의 천재경영의 일면을 볼 수 있다.

"미래는 예측하는 것이 아니라 창조하는 것이다. 일류 조직이 되기 위해서는 기존의 가치관, 사고방식, 일하는 방법의 혁신이 필요하다."

"아날로그 시대에 기술의 축적과 경험이 중요했다면 디지털 시대에는 빠르고 우수한 두뇌와 창의력, 도전, 스피드가 관건이다. 이를 위해 미래를 이끌 수 있는 우수인력 확보에 최대의 역점을 두어야 한다."

"지금은 대변혁의 시대다. 삼성전자가 현재에 만족하지 않고 도약하기 위해서는 창조적 리더십을 발휘해야 한다."

"잡아 먹혀도 세계와 경쟁해야 한다."

"드넓은 태평양으로 나가 경쟁하는 글로벌 경영을 하겠다."

이런 어록들을 살펴보면 이건희 회장의 천재경영이 무엇을 의미하는지 분명하게 드러난다. 천재경영은 단순히 인재를 확보하는 차원이 아닌 디지털 시대를 이끌 리더를 요구하며 그들을 통해 세계 경영을 하겠다는 메세지이다.

"21세기 경영의 핵심 키워드는 창조적 경영이다. 과거 20세기에는 물건만 잘 만들면 1등이 되었다. 하지만 21세기에는 물건은 물론 마케팅, 디자인, 연구·개발, 아이디어 등를 복합적으로 잘 해야 살아남는다."

2006년 6월 28일 저녁, 서울 한남동 승지원에서 이건희 회장은 상반기 경영활동을 마무리하며 독립계열사 사장단과 만찬회동을 가졌다. 이 자리에서 이건희 회장은 '경영의 새로운 바람'을 잇는 완결판으로 '창조경영'이라는 화두를 던졌다. 이건희 회장은 여기에 그치지 않고 뉴욕과 런던, 두바이와 요코하마에 이르는 40여 일간 해외출장에서 '창조경영'을 강조했다. 13년 전 프랑크푸르트, 런던, 동경, 후쿠오카 등에서 68일간 머물며 임원 간담회 등을 통해 '처자식을 빼고는 다 바꾸라'며 '신경영'을 선언한 것과 닮은꼴이다.

이건희 회장은 2006년 9월 뉴욕에서 열린 밴플리트 시상식에 참석한 후 '신경영'과 '창조경영'의 차이를 묻는 질문에 '20세기 경영과 21세기 경영의 차이'라고 설명했다. 질문에 대한 답변 형식이었지만 내용을 보면 그가 13년 전 제시한 '신경영'에서 '창조경영'으로 경영 패러다임이 전환되었음을 공식 선언한 것이었다.

삼성은 이건희 회장의 '창조적 경영'을 단순한 경영 훈시가 아니라 앞으로 삼성이 나아갈 방향을 새롭게 제시한 것으로 해석하고 있다. 이건희 회장이 던진 '창조경영'에 세간의 관심이 쏠리는 이유도 이 새로운

경영 패러다임이 삼성은 물론 우리 경제에 가져올 변화가 만만치 않을
것이란 기대감 때문이다.

이건희 회장은 왜 이 시점에서 '창조경영'이란 화두를 던졌을까? 2006
년 신년사에서 그 원형을 찾아볼 수 있다. 당시 미국에 체류 중이던 이
건희 회장은 영상 메시지 형태로 신년사를 발표하면서 이같이 말했다.

"삼성은 오랫동안 선진 기업을 뒤쫓아왔으나 지금은 쫓기는 입장에 서 있
습니다. 이젠 앞선 자를 뒤따르던 쉬운 길에서 벗어나 새로운 길을 개척하
는 선두에 서서 험난한 여정을 걸어야 합니다."

2006년 신년사는 삼성의 달라진 위상을 바탕으로 하고 있었다. 1등이
되기 위한 전략과 1등이 된 이후의 전략은 달라야 하며, 이제는 '발상
의 전환'이 필요한 시점임을 지적한 것이다.

'신경영'과 비교하면 '창조경영'의 의미는 더 두드러진다. 이건희 회
장이 1993년 '신경영'을 선언했을 때 신경영의 목표는 세계 시장에서
도 일류로 인정받는 제품을 만들어 제값에 물건을 팔고, 이익을 얻자는
것이었다. 이를 위해 양으로 승부하던 사고를 질 중심으로 전환하고 선
진 기업들의 장점을 배워야 한다는 게 신경영의 핵심이다.

신경영이 선진 기업과 같은 일류가 되기 위해 변화와 혁신을 강조한 경
영전략이라면, 창조경영은 초일류 기업으로서 기술과 제품, 시장을 새

롭게 창출해가기 위한 경영전략이라 할 수 있다.

이건희 회장은 이와 함께 우수인력 채용과 육성, 과감한 연구개발 투자 등 창조경영을 위한 방법론도 함께 제시했다. 창조는 창의력을 가진 인재와 지속적인 연구개발 과정에서 나온다는 판단 때문이다. 특히 영국 런던을 찾은 이건희 회장은 첼시구단을 방문한 자리에서 프리미어리그에 빗대 '창조경영'을 설파한 적이 있는데, 그는 첼시구단의 경기를 직접 관람한 뒤 동행한 경영진에게 이같이 말했다.

"세계 최고 수준의 선수들이 뛰는 잉글랜드 프리미어리그는 우수인력들이 펼치는 창조적 플레이의 경연장이다. 경영에도 프리미어리그식 창조경영을 적용해 우수인력들을 확보하고 양성해나가는 것이 무엇보다 중요하다."

Smart Idea! 첼시구단과 창조경영

2006년 10월 1일, 삼성이 공식 스폰서로 후원하는 첼시의 런던 홈 구장 스탬퍼드 브리지를 찾은 이건희 회장은 첼시와 애스턴 빌라의 경기를 관전하고 첼시 경영진과 환담한 바 있다.

경기를 본 이 회장은 동행한 유럽 현지 경영진에게 세계 최고 수준의 선수들이 뛰는 프리미어리그는 우수인력들이 펼치는 창조적 플레이의 경연장이라고 소감을 전하고 이어 기업에도 '프리미어식 창조적 경영'을 적용해 우수인력을 확보하고 양성해나가는 것이 무엇보다 중요하다고 강조했다. 그는 항상 경기장이 만원일 정도로 첼시의 인기가 높은 비결은 각 포지션별 세계 최고의 선수, 훌륭한 리더십을 갖춘 지도자, 구단의 아낌없는 지원 등 3박자가 잘 갖춰졌기 때문이라고 지적했다

첼시의 벅 회장은 삼성의 최고경영자가 직접 방문해준 것을 영광스럽게 생각한다며 지난 1년 삼성의 첼시 후원은 매우 성공적이었고 앞으로도 지속적인 성공을 거둘 것으로 확신한다고 말했다.

삼성은 2005년 4월 첼시와 공식 스폰서 계약을 체결하고 2010년까지 유니폼과 홈구장 광고판 등에 대한 독점적 지위를 확보했다. 매년 2억 5천만 명이 경기를 시청, 연간 6천 5백만 달러의 브랜드 노출 효과를 보고 있다고 삼성 측은 설명했다.

핵심인재가
삼성을 바꾸고 있다

S급 인재를 독식하는 삼성의 그물망 채용

연봉 100만 달러 이상, 서울의 80평 이상 아파트나 타워팰리스 제공,
에쿠스 이상의 최고급 승용차 제공, 이전 회사에서 받은 스톡옵션 등
골치 아픈 문제는 완벽히 처리해줌, 가정사나 국내외 여행 때 일괄 서
비스 제공 등.

이는 삼성 그룹이 총력을 다해 스카웃하고 있는 초핵심 S(Super)급 인재
들이 받는 대우다. 하지만 이 역시 개연성 있는 추측에 불과하다. 삼성
측이 S급 인력의 숫자, 대우, 역할 등을 철저하게 극비에 부치고 있기
때문이다.

2006년만 해도 삼성전자는 4~5명의 S급 인재를 스카웃하기로 목표를 세웠는데 9월말에 벌써 이 같은 목표를 조기에 달성했다고 한다. 하지만 이건희 회장은 여전히 부족하다고 생각하고 있다. 삼성 그룹 사장단 회의에서 모 계열사 사장이 "저의 연봉만큼 받는 인재를 스카웃했습니다"라고 보고했다가 이건희 회장으로부터 "당신보다 몇 배 더 많은 연봉을 받을 인재를 데려오라고 하지 않았느냐"는 질책을 받은 사건도 있었다. 이 사건 이후 삼성 사장단들 사이에 '인재 스카우트'는 노이로제가 될 정도라고 한다. 게다가 삼성 구조조정본부도 이를 뒷받침하기 위해 사장단 업무평가의 30% 이상을 인재확보 실적에 배정하고 있다고 하니, 삼성의 계열사 사장들의 최우선 경영 목표가 'S급 인재 확보'가 된 것은 지극히 당연하다.

지금까지 S급 대우를 받고 있는 사람들을 보면 삼성의 핵심사업 분야와 관련이 있다. 가령 휴대폰에 들어가는 핵심 칩 개발자, 첨단 나노 반도체의 개발자, 인텔 등에서 이름을 날리던 엔지니어 등이 그렇다. 삼성 관계자는 이들에게 150~200만 달러를 준다고 하지만 사실상 '연봉제한'이 없다고 보면 된다. S급 인재들의 의사결정이나 기술력 하나에 수억, 수십억 달러가 왔다갔다 하는 판국이니, 그 정도 급여는 문제가 되지 않는다는 것이 삼성 측 판단이다.

이건희 회장의 인재 발탁도 한 때 화제가 될 만큼 열성적이다. 삼성에 스카우트 된 S급 인재의 경우 이건희 회장과의 첫 면담을 앞두고는 반드시 화장실을 다녀오라는 당부를 받는다고 한다. 길어야 두 시간이면 끝날 것으로 지레 짐작했다가 '낭패'를 본 이들이 적지 않기 때문이다. S급 인재는 이건희 회장이 서울 한남동 승지원으로 불러 식사를 곁들여 거의 하루 종일 면접을 본다. 그룹의 핵심사업을 이끌고 갈 사람인만큼 업무 역량뿐만 아니라 사람 됨됨이를 관찰하는 데 한치의 소홀함이 없어야 한다는 게 이건희 회장의 생각이다.

S급 인재가 만일 한국에서 근무하기 싫어하면, 달라스·런던·산호세 등에 있는 연구소에서 근무할 수 있도록 배려해준다. 부인이 한국에 대해 거부감을 보일 경우에는 비행기 일등석으로 모셔와 제주 신라호텔을 비롯하여 국내 곳곳을 구경시켜 주고 타워팰리스 같은 곳도 보여주며 마음을 잡기 위해 온갖 노력을 다한다.

삼성은 지금까지 기술 분야에 치중되었던 S급 인재의 대상을 마케팅·디자인·광고 등으로 확대할 예정이다. 이를 위해 디자인의 경우 뉴욕에 있는 파슨즈 스쿨 교수들과 긴밀하게 접촉하면서 우수인재 물색 작업을 벌이고 있다.

| S급 인재 대상과 대우 |

	S급 인재		
인재	• 핵심칩 개발자	• 첨단 나노반도체 개발자	• 다국적 기업의 엔지니어
대우	• 해외인재 위한 전담 도우미 운영 • 연봉 100만 달러 이상 • 80평 이상 아파트		• 전용기 서비스 • 최고급 승용차 등

이건희 회장의 우수인력 확보에 대한 의지는 조금씩 결실을 거둬가고 있다. 삼성전자의 예를 들어보자.

삼성전자는 우수인력 확보와 연구개발(R&D) 투자에 집중하면서 2005년 전체 직원 중 연구개발 인력이 차지하는 비중이 사상 처음으로 40% 선을 넘어섰다. 2005년 1분기말 국내 전체 직원 6만 6천 586명 중 연구개발 인력이 2만 7천 명으로 집계돼 이들이 차지하는 비중이 40.5%에 달한다고 이례적으로 밝힌 것이다. 삼성전자의 연구개발 인력은 그간의 인재확충 노력에 따라 지난 2000년 말 1만 3천 100명으로 30%를 넘어선 데 이어 2003년 10월말에는 2만 명을 돌파했으며 작년 말에는 2만 4천 명(38.7%)으로 확대됐다. 삼성전자의 연구개발 인력 비중이 40%를 넘어선 것은 창사 이래 처음 있는 일인데, 지난 1997년 전체 직원의 약 22%인 1만 2천 600명에 불과했던 연구개발 인력이 7년여 만에 두 배 수준으로 늘어난 셈이다.

최근 반도체 등 첨단사업 부문의 수요가 늘어나면서 기술 개발을 위한 고급 연구인력 확보가 더욱 중요해졌다. 이에 따라 삼성전자는 앞으로도 첨단 기술과 차세대 성장엔진 개발, 글로벌 기업 위상 확보 등을 위해 우수한 연구개발 인력의 유치에 나설 방침이어서 연구개발 직원들의 비중은 앞으로도 더욱 높아질 전망이다. 실제로 삼성전자의 황창규 반도체 총괄 사장은 2005년 4월 미국 워싱턴에서 열린 전자산업협회(EIA)의 '기술혁신 리더상' 수상식에 참석한 직후 현지 박사급 인력 채용을 위한 면접을 주관했을 정도로 인재 확보에 강한 의지를 표명하고 있다. 삼성전자는 석·박사급 우수인력 확보를 위해 각 총괄별로 별도의 태스크포스를 구성해 미국의 경우 상·하반기 1회씩, 유럽은 1년에 1회씩, 대학들을 돌며 설명회를 열고 있다. 중국, 러시아에서는 현지 법인이 별도로 활동하고 있다.

인재 확보뿐 아니라 연구개발에 대한 투자도 과감하게 하고 있다. 삼성전자는 지난 2005년 매출액의 8.3%인 4조 7천 900억 원을 연구개발비에 투자한 데 이어 2006년에는 매출의 9.2%인 5조 4천억 원을 연구개발 부문에 투자했다. 인재 확충에 걸맞은 연구개발 투자가 뒷받침되어야 시너지 효과를 얻을 수 있기 때문이다. 이처럼 연구개발 부문에 집중하면서 삼성전자가 미국 특허청에 등록한 특허건수는 지난 2003년에는 1천 313건으로 9위를 차지했고 2006년에는 2천 453건으로 소니와 인텔 등을 제친 것은 물론, 미국 IBM에 이어 2위에 랭크됐다. 이는 2005년 1천 641건보다 50% 가량 증가한 숫자다. 우수인력의 확보가 첨단기술의 개발과 상업화로 이어지는 선순환 구조가 서서히 자리를 잡아가고 있는 모양새다.

박사는 삼성에 다 있다

"반도체만 해도 천재가 20~30명이 필요하다. 하지만 그런 사람을 잡을
확률을 생각해보라. 그래서 머리 좋은 사람은 일단 다 뽑아놓자는 것이다."

이러한 이건희 회장의 말처럼, 쓸만한 인재는 삼성이 싹쓸이해가는 바
람에 허탕만 쳤다는 말이 다른 기업에서 나올 정도로 삼성에는 인재들
로 가득 차 있다.

세계 시장에서 1위를 차지한 제품 중 7개가 삼성전자 제품이다. 삼성전
자의 활약상은 이제 국가 위상에까지 영향을 끼칠 정도다. 이런 삼성전
자의 힘 뒤에는 박사급 고급 두뇌들의 활약이 숨어 있다. 삼성전자에
따르면 2006년 6월에는 삼성전자의 박사급 인력이 3천 명에 육박한 것
으로 나타났다. 삼성전자의 박사급 인력은 1995년 490명이었으나 2000
년 1천 명을 넘어섰고, 이후 200~400명씩 증가해 2004년에는 2천 명을
돌파했다. 전체 직원 중 박사 비율도 2000년 2.3%에서 2006년에는
3.5%로 높아졌다.

현대자동차의 경우 생산직을 제외한 2만 6천 명 직원 가운데 박사학위
소지자는 400명선이며, SK텔레콤은 4천 3백 명 직원 중 60명 정도가 박
사급이다. 서울대의 박사급 인력도 전임교수(1,026명), 연구원(715명),
기금교수와 초빙교수 등을 모두 합쳐도 2천 6백 명 수준이다. 이렇게

따져보면 삼성의 박사급 인력 규모가 다른 대기업은 물론이고 서울대 등 명문 대학보다도 많음을 알게 된다.

그룹 전체로 볼 때 박사 인력은 2003년 말 기준으로 삼성전자가 3분의 2 정도를 차지하고 있고, 삼성SDI 200명, 삼성전기 190명, 삼성SDS 130명, 삼성중공업 60명, 삼성경제연구소 55명, 삼성물산 50명, 삼성테크윈 35명 등으로 분포되어 있다. 전공별로는 이공계가 94%며, 전기전자 750명, 재료금속 400명, 기계 300명, 컴퓨터 150명, 화공 150명이다. 인문계는 6%에 불과하다. 해외대학 박사 학위자만도 950명에 달해 그룹 내 박사급 인력들의 국제화 수준도 상당함을 알 수 있다. 이외에 2004년 기준 58개국에 330개 법인 및 사무소를 운영하고 있고, 전체 19만 명의 직원 가운데 해외 인력이 37%인 7만 명에 달하고 있어 삼성에서 국제화된 고급 인력의 비중은 갈수록 커질 전망이다.

고급 인력의 중요성이 강조되면서 연구개발이나 기술인력 이외에 경영진의 박사학위 소지자도 해마다 늘고 있다. 2004년 2월 기준, 박사 임원은 178명으로 1995년보다 2.7배 커졌다. 이 중 이공계가 149명이며, 사장단 6명, 부사장 13명, 전무 28명, 상무 58명, 상무보 73명이다.

연봉 값하는 T자형 삼성 핵심인재

요즘과 같이 경영변화가 격심한 환경에서는 비전과 활력을 지닌 소수 정예 인재가 특히 중요하다. 이를 핵심인재라 칭한다면 핵심인재란 다음과 같이 정의할 수 있다.

> '전문적인 업무 능력과 열정을 겸비하고 조직의 혁신을 주도하여 새로운 가치 창출을 주도할 수 있는 인물'

군대의 역사를 보다 보면, 전체의 군사력보다 정예부대의 전력(戰力)이 전쟁의 승패를 결정해왔음을 깨닫게 된다. 예컨대 로마의 중갑보병, 나폴레옹의 근위병, 태평양전쟁의 항공부대, 한국의 공수부대와 해병대 등이 그것이다. 이들 조직은 막강한 체력과 기술과 능력을 겸비하고, 전시의 위험한 상황에서도 승리를 위해 목숨까지도 바치는 희생정신을 보여주었다.

핵심인재가 이처럼 중요하다면, 과연 핵심인재란 어떤 조건을 가진 인재인지 명확히 해둘 필요가 있다. 핵심인재는 구체적으로 어떤 요건을 가지고 있는 인물일까?

우선 생각해볼 수 있는 것이 전문성 및 업무 역량과 더불어 도덕성, 인간적 매력 등 인성(人性)을 동시에 갖추고 있어야 할 것이다. 이것이 선진 기업의 최근 추세다. 아무리 좋은 성과를 올리는 인재라도 가치관에 문제가 있으면 장기적으로는 조직의 기반을 약화시킨다고 보기 때문이다.

또한 조직의 상황과 때[時]를 감안하여 자신의 능력을 운용할 줄 아는 지혜와 실천력을 갖추고 있어야 할 것이다. 아무리 우수한 자질을 가지고 있더라도 이를 조직 내에서 실제적인 가치창출과 연결시키지 못한다면 의미가 없기 때문이다. 다음의 표는 삼성이 강조하고 있는 핵심인재의 조건이다.

| 핵심인재의 요건 |

	자질(資質) 측면	실천(實踐) 측면
업무 (業務, Work)	전문능력 • 제품기술 시장 관련 전문지식 보유	변화주도 • 조직의 관성을 타파 • 열광 에너지로 신가치 창출
인성(人性, Personality)	도덕성 • 올바른 가치관 확립 • 조직고객에 대한 사명감	인간미 • 사람과 운(運)이 따르는 인재

출처 : 삼성경제연구소

"바둑 1급 10명이 바둑 1단 한 명을 못 이긴다."

이건희 회장이 인재경영을 강조하면서 한 이야기다. 이건희 회장은 이처럼 I자형 인재는 배척하는 반면 T자형 인재를 좋아한다. I자형 인재란 한 가지 분야에만 정통하고 다른 분야는 아무것도 모르는 사람을 가리킨다. 반면에 T자형 인재란 자기분야에 정통한 것은 물론 다른 분야까지 폭넓게 알고 있는 종합적인 사고 능력을 갖춘 인재를 말한다. 그렇다면 이건희 회장은 왜 T자형 인재를 선호하는가? 이건희 회장이 선호하는 T자형 인재의 개념은 이렇다.

❶ T자형 인재는 입체적 사고, 전체를 꿰뚫어보는 통찰력을 갖추고 있어서 어떤 임무가 주어지든 I자형 인재보다 훨씬 뛰어난 능력을 발휘한다.

❷ 앞으로는 서로 다른 기술이나 산업이 결합하여 새로운 산업을 창조하는 복합사회가 될 것이기 때문에 T자형 인재와 같은 종합 기술자가 더욱 필요하다.

❸ 1980년대부터 경영합리화와 한계사업 정리가 시작되어 지금은 거의 모든 기업으로 확산되고 있는 만큼, T자형 인재는 설 땅이 있지만 I자형 인재는 소용이 다하면 쓸모가 없게 된다.

이건희 회장의 이러한 강력한 지시에 따라 삼성의 계열사 내부에는 핵심인력 확보를 위한 임시 조직이 만들어졌다. 예를 들어 삼성전자의 경우 핵심인력 스카우트팀이 구성되어 있었는데 그것이 더욱 확대 개편하여 인재개발연구소로 조직적인 체계를 갖추었다.

현재 인재개발연구소장을 겸임하고 있는 삼성전자 인사팀 안승준 전무는 삼성 그룹이 요구하는 핵심인재의 육성과 기용에 대해 이렇게 말한 바 있다.

"미래의 인력구조는 글로벌 전략가로서의 CEO와 해당 분야에서 최고의 전문성을 발휘하는 계약직 골드칼라 인력이 중심이 될 것이다. 따라서 엄선된 핵심인력들을 철저하게 교육·훈련시켜 미래의 CEO로 양성하는 한편, 시장가치가 높은 골드칼라를 과감하게 채용하여 그가 이룬 성과와 시장가치에 따라 파격적으로 보상할 수 있는 제도를 구축하고자 한다."

이 말에서 삼성에서 요구하는 CEO는 세계 시장을 볼 수 있는 사람을, 골드칼라는 해당부문 최고의 전문가를 의미하며, 삼성은 앞으로 이들을 육성·기용해서 미래의 성장을 좌우할 전략을 구사할 것임을 짐작케 된다.

참고로 말하자면 T자형 인간에 대한 정의는 인재양성에 남다른 관심을 가지고 있는 도요타 자동차에서 비롯되었다. 일본 최대의 자동차 회사이며, 세계 2위의 자동차 회사인 도요타는 자사의 영문 첫 자인 T를 따서 프로를 지향하는 T자형 인재를 육성했고 그들은 도요타를 세계적인 기업으로 키워냈다.

준천재급 인재들, 삼성 펠로우

2005년 10월 일본 니혼게이자이 신문의 자매지 《니케이 비즈테크日經 Biz Tech》는 삼성의 인재경영에 대한 특집 기사를 게재했다. 이 잡지는 삼성이 글로벌 인재경영의 확대를 통해 더 큰 성장을 추구하는 모습을 상세하게 소개하며 삼성이 인재경영을 통해 앞으로도 해외 거대 IT 기업을 제쳐나가는 '역전의 방정식'을 계속 구사할 수 있을지 관심이라고 밝혔다.

삼성이 글로벌 경쟁의 첨병으로 확보·육성하고 있는 핵심인재는 이제 해외로부터 더 많은 관심을 불러일으키고 있다. 삼성은 그동안 10여 명의 S급 인재를 비롯해 A급 120여 명, H급 400여 명 등 500여 명의 인재를 채용해왔다. 얼마 전까지만 해도 S급 인재 모시기는 주로 전자 및 통신 등의 분야가 주류를 이뤘지만, 최근엔 계열사 전반에 걸쳐 특급 인재들이 속속 모이고 있다. 이런 인재의 채용에는 언급했다시피 삼성의 적극적 정책이 바탕에 깔려 있다. 이건희 회장이 가장 신경 쓰고 있다는 삼성전자 김인수 인사팀장(부사장)의 양복 안주머니에는 핵심인력 목표와 현황을 적은 보고서가 항상 준비되어 있다. 이건희 회장이 언제 불쑥 잘 돼 가느냐고 물을지 모르기 때문이다.

S급 인재의 공통점은 해외 명문대에서 석·박사 과정을 마쳤거나 세계 톱10 대학이나 대학원 내에서 상위 1~2% 안에 들었다는 것이다. 이들은 모두 세계 어느 곳에 내놔도 '핵심인재'가 될 자질을 갖춘 인물들이다. 경영학 석사(MBA) 학위를 받은 사람도 많은 편인데, 이들은 대부분 외국계 대기업이나 연구소 등에서 임원급 이상을 지낸 인물로 100만 달러 이상의 연봉은 받는다. 나이는 30대에서 50대이며, 40대가 많은 편이다. 영어는 기본, 제2외국어 및 제3외국어까지 능통한 사람도 많다. 이들의 공통점은 단순한 경영자가 아닌 해당 분야 최고의 엔지니어이며 상당수 인력은 외부에서 영입한 인재라는 점이다.

대표적인 S급 인재는 펠로우(Fellow)로 선정된 황창규 사장이다. 휴대폰에 관한 기술은 타의 추종을 불허할 정도인 이기태 사장, 스탠퍼드 대학에서 전기공학 박사 학위를 받고 삼성전자에 입사해 시스템 LSI 사업부에 몸담아온 전문가 중의 전문가 권오현 사장, 미국 플로리다 대학에서 전자공학 박사학위를 받고 2004년 인사 때 삼성전자 SI 사업부 사장에서 삼성 그룹 CTO(최고기술경영자)로 임무가 확대된 임형규 사장 등도 S급 인재에 해당한다.

인재경영을 천명한 삼성 그룹 내에는 국내뿐 아니라 해외에서도 알아주는 인재들이 다수 포진해 있다. 이건희 회장은 삼성 내에 빌 게이츠 정도의 천재는 없다고 생각하고 있지만 펠로우로 선임된 사람들은 준천재급 인재임을 인정한다.

이렇듯 삼성은 2002년부터 삼성 펠로우(Samsung Fellow) 제도를 시행하고 있다. 이 제도를 통해 '세계 최고의 기술력으로 삼성을 대표할 수 있는 인재'를 대내외에 알리는 홍보전을 시작했다. IBM, HP, 인텔 등도 이 제도를 도입해 자사의 기술 수준이 세계 최고임을 대내외에 알리고 있다. 삼성 펠로우는 삼성을 대표할 수 있는 S급 기술 인재로 그룹이 정한 인재 평가 기준 가운데 가장 높은 수준에 속한다. 주로 세계 최대의 공학계열 학회인 국제전기전자학회(IEEE, Institude of Electrical and Electronics Engineers)가 뛰어난 업적을 근거로 매년 정하는 '석학 회원(펠로우, Fellow)'에 뽑히거나 삼성 내부에서 기술력을 인정받은 사람들이 임명되는데, 펠로우에 뽑히면 본인 이름의 단독 연구실을 배정받고 연간 10억 원의 자율 연구비를 지원받으며 독자적인 연구개발을 할 수 있다. 이를 위해 별도의 연구팀을 만들 수도 있으며 국제표준기술을 주도하는 대외 활동을 할 때에도 전폭적 지원을 받을 수 있다.

2006년 11월 7일 삼성은 삼성전자 이원성 연구위원과 김창용 연구위원, 삼성종합기술원의 김창용 연구위원 세 명을 삼성 펠로우로 추가 임명하였는데, 그 전부터 삼성전자 황창규 사장을 비롯해 삼성종합기술원의 김종민 상무와 서양석 상무, 김기남 상무, 유인경 상무보 등이 펠로우 대우를 받고 있다.

삼성 펠로우에 뽑힌다는 것은 연구원이나 엔지니어에게는 최고의 영예로 여겨지며, 이러한 정책은 이건희 회장이 강조하는 창조경영과도 맥을 같이하는 것이다.

펠로우는 아니지만 삼성전자의 윤종용 부회장과 이윤우 사장, 기술 총괄 임형규 사장, 정보 통신 총괄의 이기태 사장, 액정표시(LCD) 장치 총괄 이상완 사장, 시스템 SI 사업부 권오현 사장 등도 이건희 회장의 신임을 받고 있는 삼성의 핵심인재들이다. 기술 하나로 무(無)에서 유(有)를 창조한 인물들이기 때문이다.

(한국은 좁다,
세계적 인재를 뽑아 키운다)

○○7도 울고 갈 인재찾기 공습작전

삼성은 해외 채용 시 그 나라에 가서 면접을 실시하는 최초의 국내기업
이다. 1999년부터 미국의 석·박사 인재확보를 위해 별도의 태스크포스
를 구성, 상·하반기 각 1회씩 50여 개 대학을 직접 방문해 설명회를 개
최하고 중국과 러시아에도 현지 법인을 통해 우수인력 확보에 나선다
는 것은 이미 언급한 바 있다. 이것으로만 그치는 것이 아니라 삼성의
CEO들은 미국, 일본 등 선진국과 인도, 중국, 러시아 등 인재 풀(Pool)
이 풍부한 국가에 출장을 갈 때에는 직접 헤드헌팅에 나선다. 비즈니스
는 기본이고 핵심인재 채용에도 많은 신경을 쓰는 것이다.
삼성이 인재찾기에 얼마나 배고픈지는 2000년의 예를 보면 여실히 알

수 있다. 2000년 삼성전자는 임직원 4명을 대전광역시에 있는 한국전자통신연구소(ETRI)로 파견했다. 전자 및 통신분야 인명록을 만들기 위해서였다. 이들은 여기에 소속된 연구원 60여 명을 모두 만났을 뿐만 아니라 외국에서 공부하거나 회사에 몸담고 있는 동창이나 친구들의 연락처까지 모두 받아냈다.

이렇게 인명록을 만든 후 이들은 3개월 동안 목록에 있는 모든 사람들에게 연락하여 일일이 만날 약속을 잡았다. 해외의 경우에는 해외 석·박사 테스크 포스 임원 1명, 연락 담당 직원 1명, 기술 수석 2명 등 4명이 한 팀이 되어 전담팀을 구성한 뒤 미국 동부와 중부, 서부 세 곳으로 떠났다. 동부팀은 뉴욕, 중부팀은 시카고, 서부팀은 시애틀에서 각각 출발해 각 대학이나 연구소, 회사에 있는 한국인 인재 스카우트에 나선 것이다.

이들이 평가한 것은 후보자들의 성과만이 아니었다. 인성이나 가족관계, 연구 분야, 조직 적응도까지 꼼꼼하게 알아봤고 일단 만나본 사람들은 즉석 카메라로 사진을 찍어 면담 결과와 함께 별도의 이력서까지 만들었다. 이렇게 만난 사람들 중 350여 명은 삼성전자에 채용됐다. 방법상의 논란이 있을 수도 있지만 삼성의 인재 욕심이 어느 정도인지 짐작해볼 수 있는 사건이다.

삼성은 인재를 스카우트하기 위해 때로 이건희 회장이 주로 타는 전용기를 띄울 때도 있다. 삼성의 전용기는 일반 항공기보다 운항고도가 1

만 피트 정도 더 높다. 기름은 많이 먹지만 비행 중 흔들림이 거의 없어 안락하다. 게다가 탑승자의 입맛은 물론, 세세한 취향까지 파악해 최고급 호텔에 들어선 이상의 서비스가 제공된다. 이런 대접을 받으니 인재들이 '자신의 몸값을 알아주는 기업'에 감동받는 것은 일면 당연해보인다.

삼성은 S급 인재를 스카우트한 뒤 곧바로 자리를 주지 않는다. 그래서 스카우트된 인재들은 당황해하기도 한다. 하지만 이 조그만 것에도 삼성의 치밀함을 엿볼 수 있다. 왜냐하면 이렇게 자리 없이 '놀고 먹는' 3~6개월간 스카우트된 S급 인재들은 자신이 이 조직에서 앞으로 해야할 일을 파악하고 준비한다고 하니 말이다.

이는 '쓸 자리에 곧장 쓸만한 인재'만을 스카우트하는 서구 기업들과도 차별되는 삼성만의 인재 스카우트 방식이라 할 것이다. 보통의 기업이라면 '아무리 핵심인재라지만 그렇게 돈을 많이 써가면서까지?'라고 생각할 수 있다. 하지만 삼성은 과감한 투자를 아끼지 않는다. 그리고 이렇게 뽑은 인재들이 오늘의 삼성을 있게 한 원동력임은 부인할 수 없는 사실이다.

삼성전자의 인재 관리 전략은 상당히 체계적이고 과학적이다. 앞에서도 언급한 바 있듯 인사팀은 핵심 직원들을 S급, A급, H급으로 나눠 관리한다. S급은 말 그대로 뛰어난(Super) 성과를 올리는 인재를 뜻하며 A

급은 S급보다는 못하지만 뛰어난 성과와 능력(Ace)을 지닌 인물을 뜻한다. H급은 아직 성과가 나오지는 않았지만 높은 잠재력(High potential)을 지닌 인재를 일컫는다. H급 인재는 GE가 소수의 인재들을 하이 포텐셜(High potential)이라고 부르며 별도 관리한 데서 따온 말이다.

삼성에는 S급 임원만 400명 정도이며 연봉은 같은 직급 내 임직원보다 세 배가 많다. 외국인 인재들에게는 조금의 불편함이 없도록 전담 도우미 체제(global help desk)를 운영하고 있다.

삼성은 핵심인재가 회사에 안착해 오랫동안 다닐 수 있도록 다양한 제도적 장치를 해놓고 있다. 멘토(Mentor, 경험과 연륜으로 상대방의 잠재력을 파악하고 그가 꿈과 비전을 이룰 수 있도록 도와주는 사람)도 그 중 하나다.

사장은 S급 인재, 사업부장은 A급 인재, (수석)부장은 H급 인재에 대해 일대일로 직접 멘토를 맡아야 한다. 매월 면담 보고서를 제출해야 할 뿐만 아니라 개선요청 사항을 받아들여 즉시 시행하는 것도 멘토의 의무다. 여기에는 그룹 부회장까지도 직접 나서고 있다.

윤종용 삼성전자 부회장은 상당수 외국인 핵심인재의 멘토를 맡으면서 조율 역할을 자처하고 있다. 멘토의 대상은 외부에서 영입한 S급 인재들. 윤종용 부회장은 한 달에 한 번씩 이들과 식사를 하거나 면담을 갖는다. 그에게 이 약속은 '하늘이 두 쪽 나도 지켜야 하는 약속' 이다.

이 면담은 복잡한 현안들이 배제되고 가족들 안부를 묻는 데서 시작된다. 일상의 크고 작은 고충과 애로사항들을 물어보고 업무 흐름에 불편

함이 없는지 세세하게 체크한다. 면담이 끝나면 윤종용 부회장은 직접
메모를 작성해 관련 부서에 업무 지시를 내린다.

삼성전자의 최도석 경영지원총괄 사장과 김인수 인사팀장도 이런 식
으로 핵심인재들과 매월 다섯 차례 정도 정기 면담을 갖고 있다. 만약
핵심인재가 석연찮은 이유로 회사를 그만두게 되면 1차적으로 책임을
져야 하는 사람 역시 멘토다.

삼성이 핵심인재를 이처럼 맨투맨 식으로 관리하는 이유는 인재를 영
입하는 것 못지않게 이들을 안착시키는 일이 어렵기 때문이다. 삼성 관
계자는 이런 제도를 시행하는 이유를 능력이 뛰어날수록 경쟁사의 스
카우트 표적이 되기 쉽고 외국인들의 경우에는 이질적인 한국문화에
적응이 쉽지 않기 때문이라고 밝히고 있다.

삼성의 조직 운영에 불만을 품고 떠난 외국인이 험담을 하고 다니는 상
황은 그야말로 최악이다. 세계 IT 업계에서 평판이 나빠지면 인력 수혈
에 큰 차질이 빚어질 수밖에 없기 때문이다.

삼성전자는 이 때문에 핵심인재들을 대상으로 '삼색 경보체제'를 은
밀하게 가동시키고 있다. 인력의 퇴직 가능성을 녹색(안정적), 황색(약
간 불안), 적색(퇴직 가능성 고조) 등으로 분류, 핵심인재의 이탈을 조기
에 감지하는 것이다. 퇴직 가능성이 있다고 판단되는 사람은 중점 관리
에 들어가 대인 관계, 개인 전문성, 업무의 불일치 여부 등을 정밀하게

진단하고 즉각 개선책을 마련한다. 현재 2천 명이 넘는 핵심인재 중 S급은 대부분 녹색, A급은 99%가 녹색, H급은 98%가 녹색 등급을 받고 있는 것으로 파악되고 있다.

외국인은 삼성에 입사하게 되면 일단 'Employee Guide Book'이라는 이름의 두꺼운 책자를 제공받는다. 영어판과 일어판으로 제작된 이 책에는 인사제도, 편의시설, 회사소개, 정착정보, 주거지, 금융, 의료시설 이용법 등이 자세하게 소개되어 있다. 여기에 더해 각 사업장에는 'Global Help Desk'라는 이름의 지원 조직이 설치되어 총 20여 명의 전문 인력이 효율적인 업무 진행을 위해 도움을 주고 있다. 이들은 통역은 물론 핵심인재의 크고 작은 집안 일과 차량 관리, 해외 출장시 입출국 비자 업무 처리 등 업무 수행에 필요한 제반 지원 활동을 펼치고 있다. 삼성은 또 가족을 고국에 두고 홀로 생활하고 있는 핵심인재들을 위해 해외에 있는 가족들의 대소사도 챙겨준다. 예를 들어 부인이나 다른 가족이 일자리를 원할 경우 글로벌 인사팀을 통해 즉각 직장을 마련해주기도 한다.

핵심인재를 선정하는 기준, 대상자, 급여, 대우 등은 인사 기밀로 좀처럼 공개되지 않는다. 그저 삼성의 인력관리는 계열사의 최고경영자(CEO)급 대우를 받는다는 S급, 주력사업의 핵심추진인력으로 분류되는 A급, S급 인력으로 양성 가능한 H급 등으로 분류된다는 사실 정도만

알려져 있다.

그러나 삼성이 이들 핵심인재를 얻기 위해 기울이는 노력이 가히 눈물겨울 정도라는 것은 잘 알려진 사실이다. 이 같은 방침 때문에 삼성전자 내에는 윤종용 부회장보다 더 많은 연봉을 받는 엔지니어 등의 인력이 10명 이상 포진하고 있다. 윤종용 부회장을 포함한 삼성전자 사내 등기이사 평균 연봉이 50억 원 안팎에 달하는 상황을 감안하면 기술 분야의 핵심인력들이 어떤 대우를 받을지는 추측할 수 있을 것이다. 삼성 관계자는 조(兆) 단위의 수익을 창출하는 사업부의 핵심인력에겐 1백억 원을 줘도 아깝지 않다는 것이 회사의 기본적인 방침이라고 말한다. 외국인 핵심인재들에겐 다국적 기업 수준의 높은 연봉 외에 MDI(Market Driven Incentive), TDI(Technology Driven Incentive) 등의 명목으로 다양한 인센티브가 제공된다. A급, H급 인력의 경우 수백만 원에서 수억 원까지 책정되어 있다. 하지만 우수인재를 붙들어두기 위한 가장 큰 장치는 회사의 강력한 의지다.

윤종용 부회장은 임직원들에게 틈날 때마다 외부에서 왔다고 텃세를 부리거나 따돌리는 일이 생기면 결코 좌시하지 않겠다는 뜻을 밝히고 있다.

이러한 인센티브 제도는 외부에서 스카우트된 사람들에게만 주어지는 것이 아니다. 내부 인력 중에서도 2~3%를 핵심인재로 선정하여 치밀하게 관리하고 있다. 이들은 회사별로 대표이사가 직접 관리하며 본부장이나 임원들이 평소에 집중 관리하도록 시스템을 구축하고 있다. 이들에게는 연봉계약과 별도의 파격적 인센티브를 부여하고 있는데 그 금액은 성과와 역량에 따라 운영되며 일정하지 않은 것으로 알려져 있다.

남이 보지 않는 잠재력으로부터 시장성을 뽑아낸다

이러한 삼성의 인재경영방식은 '핵심인재를 밖에서만 데려오면 안에 있는 사람은 뭐가 되는가?' 라는 불만을 불러일으킬 수 있다. 실제로 이 제도를 도입한 초기에는 삼성 내에서도 "현장에서 핵심인재라는 용어를 쓰면 큰일난다. 핵심인재가 아닌 사람이 들으면 어떻겠는가?" 라며 핵심인재라는 말을 사용하는 것 자체도 조심스러웠다.

핵심인재 제도는 내부육성과 외부수혈을 잘 조합해야 한다. 즉 'To Buy와 To Make' 의 조화가 잘 이루어져야 한다. 'To Make' 란 내부육성을 말하며 'To Buy' 는 외부수혈을 말한다.

새롭게 시작하는 획기적인 사업이 있을 때는 내부육성 인력만으로는 한계가 있을 때가 있다. 생소한 분야에 적합한 인재를 키우려면 적어도 6~7년이 걸리기 때문이다. 그럴 때는 외부수혈을 해야 한다. 그러나 외부인력을 받아들이는 조직풍토나 인사제도가 되어 있지 않은 상태라면 외부수혈을 해봐야 문제만 생긴다.

사실 외부 전문가들이 조직에 새로 영입했을 때 문제되는 점이란 지나치게 자기주장이 강하고 똑똑하다는 사실이다. 기존에 있던 관리자들은 그저 열심히 땀 흘리며 20여년 동안 일한 사람들이다. 이런 관리자들에게 똑똑한 부하는 피곤한 존재일 수밖에 없다. 이들은 제발 내 밑으로는 똑똑한 사람이 오지 않게 해달라며 'No, Thank You' 주문을 외운다고 한다. 똑똑한 며느리가 들어오면 시어머니가 힘든 것과 마찬가지다.

왜 힘들어할까? 사소한 문제 같지만 첫 번째는 나보다 더 잘나가는 꼴을 못 보겠다는 심리 때문이며, 두 번째는 저 사람은 왜 나보다 연봉이 높으냐 하는 억울함 때문이다.

배가 고픈 것은 참아도 배가 아픈 것은 참기 어려운 것이 조직의 생리다. 다양성을 수용하는 조직문화로 변화하지 못하면 아무리 우수한 인재를 데려와도 조직에 정착시키기 어렵다. 초기에 삼성도 이 문제를 해결하지 못해 여러 시행착오를 겪으며 많은 수업료를 지불했다. 그러나 이제는 조직문화가 많이 성숙하여 내부육성과 외부수혈이 잘 조화되고 있다.

예를 들어 공채 출신이라도 능력이 검증되면 언제라도 핵심인재로 분류될 수 있다. 삼성이 요구하는 인재상인 전문성, 창의성, 변화와 혁신 마인드, 리더십과 도덕성, 디지털 컨버전스를 수행할 수 있는 네트워크

능력을 갖췄다고 평가되면 언제든 H급이나 A급이 될 수 있는 것이다. 최근에는 디지털 컨버전스에 대한 업무수행능력이 크게 강조되는 분위기다. 마찬가지로 일정기간 성과가 부진하거나 자질이 부족한 것으로 평가되면 언제든 등급 분류가 취소된다.

기존 사원뿐 아니라 공채를 통해 들어온 신입사원도 핵심인재로 분류될 수 있다. 물론 등급은 '잠재력이 높다'는 뜻의 H급을 받는다. 이뿐만이 아니다. 국내외 유수 대학 졸업자로 전문기술지식, 창의력, 어학능력 등을 감안해 자질이 뛰어나다고 판단되면 핵심인재로 분류된다. 미국의 경우 'Top20' 대학에서 상위 3~5% 내에 든 졸업생들이 그 대상이다.

핵심인재와 임원 승진 사이에는 직접적인 인과관계가 없다. 핵심인재라고 해서 임원 자리가 보장되는 것은 아니라는 얘기다. 다만 신규 임원을 선임할 때는 핵심인재가 유리한 평가를 받는다. 핵심인재에게 주어지는 인사 상의 구체적인 혜택은 파격적인 인센티브 부여, 경력관리나 자기계발 기회 등이다. 하지만 비핵심인재들이 두드러지게 불이익을 받는 것도 아니다. 임원 승진은 사전에 정해진 별도의 기준과 요건에 의해 이뤄진다. 이는 조직의 균형발전을 중시하고, 비핵심인재들이 하는 업무의 중요성 또한 충분히 인지하고 있다는 것을 뜻한다.

이건희 회장은 천재를 중요하게 생각하지만, 천재는 어느 날 갑자기 태어나 세계를 주름잡는 존재가 아니다. 만일 빌 게이츠가 미국이 아닌 일본이나 중국, 아니 우리나라에서 태어났어도 천재가 됐을까? 우리나라의 경우 지능지수(IQ)가 높다거나 영재의 기질을 보이는 어린이들이 성인이 되어 성공한 경우는 그리 많지 않다. 결국 중요한 것은 자라나는 환경이다.

현재 우리나라를 리드하고 있는 사람들은 1940~1950년대에 태어나 자란 세대다. 이들에게는 체계적인 공부를 하거나 상상력을 중시하는 교육을 받을 기회가 없었다. 그저 딱지치기, 구슬치기, 술래잡기 등 기초적인 놀이로 어린 시절을 보냈다. 빌 게이츠가 이런 환경에서 컸다고 생각해보라. 과연 오늘날의 마이크로소프트를 만들 수 있었을까? 어떤 환경에서 자라났느냐에 따라 미래의 다양성과 성장하며 얻을 수 있는 성취도가 달라지는 것이다.

천재가 10만 명 중 1명꼴로 태어난다면, 우리나라는 총 인구 중 400~500명 정도가 가능성 있는 천재들일 것이다. 이들을 어렸을 때부터 체계적으로 교육시켜 천재급 인력으로 키우는 것은 국가의 미래가 걸린 관건일 수도 있다. 우리와 경우는 다르지만 미국의 경우 공립학교 외에 사립학교나 특수학교를 만들어 상위 15%의 학생들을 따로 교육시키고 있다. 이에 착안한 이건희 회장은 천재를 양성하기 위한 교육 시스템을 구축했다. 그 대표적인 기관이 '삼성 이건희 장학재단'이다.

삼성 이건희 재단은 이건희 회장과 이재용 삼성전자 상무가 1천 5백억 원을 출연해 설립했고, 계열사들이 추가로 5천억 원의 자금을 내어 운영하고 있다. 삼성 이건희 장학재단은 2005년부터 매년 기금 운용 수입이 200억 원 이상 발생하고 있으며, 이 돈으로 1년에 300명 이상에게 장학금을 지급하고 있다. 삼성의 인재경영이 무서운 이유는 바로 여기에 있다. 단순히 해외 인재를 스카우트 하는 데 그치지 않고 '싹수 있는' 젊은 인재들을 키울 만반의 준비를 하고 있는 것이다.

또한 삼성은 미래의 핵심인재들을 미리 확보하기 위해 특정 대학을 지원하며 특정 기술개발을 유도하는 제도를 운영하고 있다. 그 예로 2006년 성균관대에 반도체 학과를 신설하였는데 100% 장학금이 지원되는 것은 물론 졸업 후 삼성에 입사가 보장된다. 단 전국 수능 1% 안에 드는 학생이 선발 대상이다. 아울러 삼성전자는 인하공전, 인천전문대, 울산과학대, 동양공전 등 4개 대학과 함께 반도체 기술인력을 양성하기로 했는데, 2007년부터 분야별로 30명의 인원을 선발해 프로그램을 이수토록 하고 이수한 학생에게는 입사시 가산점과 장학금을 지원키로 했다. 우리나라는 물론 미국과 일본 등 해외 명문대도 여기에 포함된다. 삼성전자는 기술을 '기초, 첨단, 핵심, 미래' 네 가지로 분류하고 각 단계에 맞는 인력 양성 프로그램을 운영하고 있다. 이에 따라 연간 200여 명의 인력이 해외 연구소에서 시행하는 미래 기술을 상용화하기 위한 프로젝트 교육에 투입된다.

세계가 주시하는 삼성의 미래전략그룹

프랑스의 일간지 《르 피가로Le Figaro》는 2005년 삼성의 미래전략그룹에서 근무 중인 다비드 앙리(32) 씨가 피에르 포르(Pierre Faurre) 상을 받았다는 소식과 함께 이 조직에 대해 자세히 소개하는 기사를 실었다.

피에르 포르 상은 세계 최고 수준의 공과 대학인 프랑스의 에콜 폴리텍이 첨단기술 관련 기업에서 탁월한 성과를 올리며 국제화에 기여한 졸업생에게 주는 권위 있는 상이다. 1997년 에콜 폴리텍을 졸업한 앙리 씨는 시스코시스템즈에서 3년간 근무한 뒤 명문 INSEAD(유럽경영대학원)에서 MBA(경영학 석사)를 받았다. 삼성에는 2005년 9월 입사, 디지털 미디어·통신 프로젝트를 맡고 있다.

해외 인재들로만 구성된 삼성 그룹의 '미래전략그룹'이 국내외에서 주목을 받고 있다. 미래전략그룹은 세계 10위권 비즈니스 스쿨 출신의 S급 핵심 해외 인재를 스카우트, 그룹 세계화의 역군으로 양성하는 조직으로 이건희 회장의 의지에 따라 1997년 7월 설립됐다.

이 조직은 주로 외부에 맡기기 곤란한 내부 컨설팅 업무를 수행하면서 그룹의 미래전략과 사업방향을 수립하는 싱크탱크 역할을 하고 있다. 미래전략그룹은 현재 10개국 출신의 30대 초반 전략가 25명으로 구성되어 있으며, 대부분 와튼 스쿨, 런던 비즈니스 스쿨 등 미국과 유럽의 초일류 MBA 과정을 마쳤다. 이들은 한국인이 갖기 힘든 다양한 관점에서 미래 경영환경 변화에 대한 거시적이고도 장기적인 정책을 제시한다.

삼성은 매년 그룹 차원에서 네 개 팀을 보내 지구촌을 돌며 고급 인력을 찾아내도록 하고 있다. 이렇게 찾은 이들은 보통 2~4년 뒤 계열사에 배치되는데, 2002년 1월 삼성의 외국인 임원 1호인 데이비드 스틸(37세) 삼성전자 디지털미디어 총괄 기획담당 상무가 이 조직에서 발탁한 대표적 사례로 꼽힌다.

미래전략그룹은 세계 어느 기업에서도 볼 수 없는 삼성만의 독특한 조직이다. 25명 전원이 하버드, 와튼, 인시아드 등 세계 톱10 MBA(경영대학원)를 나온 외국인으로 꾸려진다는 점에서 그렇다. 연령도 20대 후반에서 30대 초반이 주류로 사실상 삼성의 젊은 '싱크탱크' 역할을 수행하고 있다. 이 그룹은 그동안 그룹 차원의 미래전략을 수립하는 업무와 함께 전자, 생명, 물산 등 각 계열사들이 요청하는 프로젝트를 수행해 왔다. 기밀유출 우려 때문에 외부 컨설팅 업체에 맡길 수 없는 핵심 프로젝트는 어김없이 이들의 몫이다. 몇 년 전 방카슈랑스 도입을 앞두고 해외 선진국의 사례와 시사점 등을 꼼꼼하게 정리해 넘긴 것이 좋은 사례다. 신규사업 개발에서부터 마케팅 전략 수립에 이르기까지 매우 구체적이고 실무적인 해법을 제시해주기 때문에 각 계열사들로부터 컨설팅 의뢰가 끊이질 않는다.

삼성전자 외국인 임원 1호인 데이비드 스틸 상무를 비롯 22명의 전직 미래전략그룹 컨설턴트들은 이미 각 계열사의 구애 끝에 전자, 증권, 화재, SDS 등으로 옮겨간 바 있다. 배병률 미래전략그룹 상무는 미래전략그룹은 '인재 제일주의'와 '글로벌 경영'이라는 삼성의 화두를 실천하는 조직이라고 말하고 있다.

미래전략그룹에 소속된 외국인 직원들은 특급 인재에 걸맞은 대우를 받는다. 연봉은 대략 10만 달러 이상. 세계 10대 MBA 졸업자가 미국 또는 유럽의 현지 기업에 들어갈 때 받는 수준이다. 이와 별도로 실적에 따라 성과급도 연봉의 20% 범위 내에서 지급한다. 급여 외 복지혜택도 상당하다. 아파트 제공은 기본에 속한다. 기혼자에게는 40평형대, 미혼자에게는 30평형대의 아파트가 주어진다. 용이한 출퇴근을 위해 사무실에서 멀지 않은 한남동과 이태원 일대 아파트나 빌라가 주로 제공된다.

삼성은 전담 도우미(Global Help Desk) 외에 이들 외국인 컨설턴트들의 개인 문제를 돌봐줄 전담 직원도 배치하고 있다. 비자 문제는 물론이고 자녀 학교 문제, 병원 문제 등 골치 아픈 일들은 이들 전담 직원이 모두 처리해준다. 한국을 더 잘 이해하도록 강사를 초빙, 일주일에 4시간 가량 한국어 공부도 시켜준다. 각종 문화 클럽도 운영, 외국인 컨설턴트들이 주말을 이용해 전국 각지를 여행하거나 영화 관람, 체육 활동 등을 즐기도록 돕고 있다. 1년에 한 차례 고향에 다녀오도록 회사비용으로 비행기 티켓도 지원한다. 업무 외적인 일도 회사가 돌봐주는 것이다.

무엇보다 삼성이 베푸는 가장 큰 배려는 이들 초특급 인재들이 업무적으로 성장할 수 있도록 도와준다는 것이다. 각 계열사 최고 경영진과 머리를 맞대는 기회를 자주 제공함으로써 컨설턴트 개개인의 실력 향상을 이끌 뿐만 아니라 '삼성이 이렇게 중요한 일을 나에게 맡겼구나'라는 자부심까지 느끼게 해준다는 것. 삼성 관계자는 초특급 인력들이 미래전략그룹에 입사하는 가장 큰 이유는 이곳에서의 경력이 자신의 '몸값'을 높이는 데 도움이 된다고 생각하기 때문이라며 실제 삼성에서의 경력을 인정받아 몇 배의 연봉을 받고 전직한 컨설턴트도 있다고 말한 바 있다.

인재경영을 위한
삼성 따라하기 10계명

하나, 인재 채용은 사장이 직접 나서라
___

둘, 인재가 없다고 탓하지 말고 키워라
___

셋, 경쟁을 통한 성과주의 조직문화를 구축하라
___

넷, 시스템에 의한 경영 시스템을 구축하라
___

다섯, 순혈주의를 타파하라
___

여섯, 조직을 파괴하라
___

일곱, 사람은 교육으로 변화시켜라
___

여덟, 인재경영을 시작하라
___

아홉, 목표의식이 분명한 기업문화를 만들어라
___

열, 입구와 출구를 동시에 관리하라
___

* 이 삼성의 인재경영 십계명은 이 책의 6장에서 자세히 설명하고 있다.

삼 성 의   안 테 나 는
'내 일' 이   아 니 라,
'1 0 년   후' 에   맞 춰 져   있 다

삼성이 강한 이유는 우수한 인재를 많이 보유하고 철저히 교육시키기 때문이다.
제도와 시스템에 의한 투명한 경영, 경영철학과 핵심가치에 대한
교육으로부터 나오는 강한 조직력 역시 삼성의 강점 중 하나이다.

이건희 개혁 10년과
삼성 신경영

변화와 개혁의 상징, 프랑크푸르트 선언

이건희 회장이 1987년 회장 취임 이후 "삼성이 위기다"라고 했을 때 누구 하나 믿는 사람이 없었다. 위기라고 느낀 것은 상당한 시간이 지난 후였다. 1993년 5월 'LA 사장단 회의'가 그 발단이 되었다. 당시 이건희 회장은 삼성 그룹 사장단들을 불러 모아 LA 상가에 가서 삼성 제품이 어디에 놓여 있는지 실상을 확인했다.

확인 결과 삼성 제품은 매장의 점두인 맨 앞에 있거나 매장의 맨 뒤에 놓여 있었다. 일반적으로 맨 앞에 있다는 것은 물건이 잘 팔리든지, 아니면 싸구려 떨이 제품임을 의미한다. 맨 뒤에 있다는 것은 고가 제품이든 아니면 팔리지 않는 재고 제품이란 뜻이다. 삼성전자 제품은 그 당시 싸구려 제품으로 취급받아 맨 앞에 진열되어 있거나, 잘 안 팔리는 물건은 재고로 뒤에 쌓여 있었다. 이건희 회장은 재고에 수북이 쌓인 먼지를 직접 손가락으로 묻혀 사장들에게 눈으로 확인해보였다. 이런 현장 체험을 통해 삼성의 모든 임원들은 삼성이 위기라는 말을 더이상 의심치 않게 되었다.

이건희 회장은 그 당시 "삼성전자는 곧 망할 회사다. 암 2기다. 암 1기는 치료하면 나을 수 있지만 2기는 수술을 하지 않으면 회생이 불가능하다"고 위기의식을 불러일으켰다. 지금은 브랜드파워 랭킹 1위인 '래미안'을 가지고 있는 삼성건설도 당시 이건희 회장에게 당뇨병 환자에다 영양실조까지 걸린 회사라는 진단을 받았다. 이렇게 전 관계사에 위기의식을 상기시키며 시작한 것이 '삼성 신경영'이다.

삼성에서 말하는 '메기론'을 아는가? 미꾸라지를 키우는 논 두 곳 중한쪽에는 포식자인 메기를 넣고 다른 한쪽은 미꾸라지만 놓아둔다. 그러면 메기를 넣은 논의 미꾸라지들이 더 통통하게 살이 찐다. 메기에게 잡아 먹히지 않기 위해 더 많이 먹고 더 많이 운동하기 때문이다. 이러한 메기론은 삼성의 핵심 인사원칙이다.

이건희 회장이 '메기론'을 역설하며 조직에 긴장을 요구한 것은 나름대로 이유가 있다. 삼성은 1991년 이후 재계 1위로 뛰어오르며 순항을하고 있었지만 내부적으로는 문제가 많았다. '이 정도면 됐겠지' 하는 생각이 그것. 그 문제는 1993년 삼성전자 제품의 디자인 문제를 제기한 후쿠다 보고서에서부터 표면에 드러나게 된다.

삼성의 후쿠다(福田) 고문은 재직 당시 수없이 삼성 디자인의 문제점을 지적했다. 하지만 내부에서는 그 의견이 받아들여지지 않았다. 급기야 후쿠다 고문은 사표와 함께 한 장의 보고서를 이건희 회장에게 제출했다. 그 보고서가 바로 '후쿠다 보고서'다.

뒤이어 세간에 삼성전자 공장에서 세탁기를 조립하는 장면이 몰래 카메라에 잡혀 방송되는 일이 있었는데, 이때 세탁기를 조립하던 한 직원이 여닫는 문이 맞지 않자 면도칼로 깎아내는 장면은 가히 충격적이었다. '품질 이대로 좋은가'라는 제목으로 방송된 이 장면은 이건희 회장이 "마누라와 자식 빼곤 다 바꿔라"라고 말할 만큼 대단했다. 세계 최고를 지향하던 삼성 이건희 회장으로서는 자신의 자존심이 깎여 나가는 듯한 생각이 들었을지도 모른다.

이러한 상황이 거듭되자 이건희 회장은 미래에 대한 절박한 심정으로 사전에 작성된 원고도 없이 즉석에서 마라톤 강의를 시작했다. 이러한 강행군은 프랑크푸르트에서부터 시작되었는데 그룹의 핵심임원과 임원들을 모아놓고 환골탈태를 외치는 '질(質, Quality)경영'을 선언한 것이다.

'세기말적 변화를 앞두고 앞으로 10년 안에 초일류 기업과의 경쟁에서 살아남을 수 있는 경쟁력을 갖추지 않으면 생존을 보장받을 수 없다.'

이것이 질경영의 요지이다. 이러한 이건희 회장의 위기의식이 임원들에게 심어지면서 강력한 변화와 철저한 혁신에 대한 구상이 서서히 드러나기 시작했다.

또 그룹 비서실에는 '신경영 추진 사무국'이 설치되었다. 2천여 명의 임직원들을 해외로 불러 일류 현장을 견학시키면서 시작된 이건희 회장의 특강 자료들을 종합정리하고, 이를 그룹의 모든 구성원에게 전달하여 새로운 경영방침에 동참하게 만들기 위해서였다.

당시 필자는 신경영 추진 사무국의 초기 실무를 총괄하였는데 계속되는 강연 내용을 비디오나 오디오 테이프로 녹취하여 정리하는 일을 도맡았다. 하지만 이건희 회장의 강연 분량이 너무 많아 결국 국내의 내로라하는 속기사 40명을 모아 한 달여 동안 정리해야 했다. 그 분량이 자그마치 A4 용지로 8천 5백 장이나 되었고 이를 요약하여 발간한 것이 '삼성 신경영'이라는 책자다.

신경영 추진 사무국은 이후에도 해외 법인을 포함하여 20만 명의 임직원에게 이건희 회장의 변화에 대한 강력한 의지와 그룹이 처한 위기의식을 지속적으로 전파·공유하여 삼성 신경영의 성공에 기여를 했다.

신경영에 대해 할 말은 많지만 그 결과를 살펴보면 이건희 회장의 개혁이 얼마나 성공적이며 강력했는지를 알 수 있다. 신경영 추진 당시《포춘》지는 500대 기업 중 삼성 그룹을 18위라고 기록한 바 있다. 하지만 이는 삼성 그룹 50여 개 회사를 합친 결과이다. 또 그룹 총이익은 2천 3백억 원에 불과했다. 물론 이것도 당시로서는 그리 적은 규모라고 할 수는 없지만 신경영 추진 10년 후인 2003년, 그룹 총이익은 15조 원에 이른다. 실로 대단한 성공이다. 이런 결과가 오기까지 개혁에 동참한 구성원들의 노력이 어떠했을지는 말하지 않아도 상상할 수 있을 것이다. 당시 이건희 회장으로부터 암2기 진단을 받았던 삼성전자는 무려 10조 원이라는 천문학적인 이익을 내고 있다. 주식의 시가총액 역시 10년 전 3조 6천억 원에서 2006년에는 100조 원 이상으로 급상승하여 2002년에는 이미 소니를 능가한 상태였다. 10년이라는 세월 동안 주객이 전도되

| 질경영의 핵심과제 |

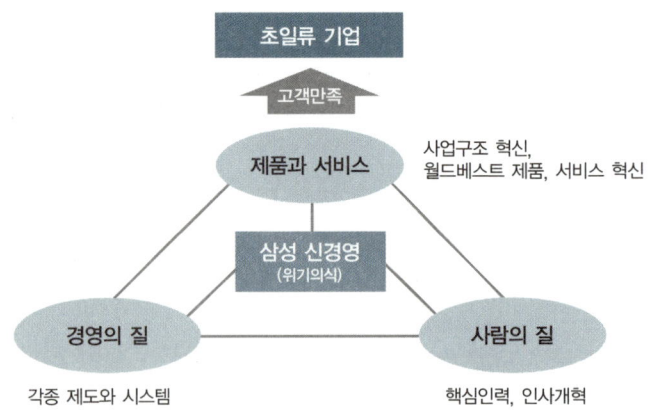

어 이제는 삼성전자가 일본 기업들의 벤치마킹 대상이 되고 있다. 이런 발전을 가져온 배경에는 바로 이건희 회장의 '신경영'이 있다.

변화의 신호탄 7.4 제도

1993년 7월 7일 오후 4시. 서울 중구 태평로에 위치한 삼성 그룹 본사 앞. 강제 퇴근으로 쫓겨난 직원들은 어찌할 바를 모르고 있다. 여름의 길목이었고 해가 지려면 아직 몇 시간은 있어야 했다. 평소 같으면 한참 업무를 처리할 시간이었다. 눈치를 보던 직원 일부는 아예 이른 저녁을 먹으러 갔다가 몰래 회사로 다시 들어갔고 대부분의 직원들은 퇴근길에 올랐다. 삼성 신경영의 대표적 제도인 7·4제 실시 첫날의 모습이다.

7·4제는 잘 알다시피 '7시 출근하여 4시에 퇴근하는 근무형태'다. 2시간 차이지만 사회 전반이 9·6제에 익숙한 상황에서 7·4제는 여간 고단한 근무형태가 아닐 수 없었다. 직원들 사이에서는 '7시 출근해서 죽기살기로 근무한다'는 의미로 한 때 '4자를 죽을 사(死)'로 표현하기도 했다.

아침에 아기를 유치원에 맡기고 출근하는 부모의 경우에는 더 힘든 제도였고, 이른 시간의 퇴근에 익숙하지 않은 직원들은 퇴근 후 무엇을 해야 할지 몰라 한동안 방황하기도 했다. 게다가 7·4 제도가 삼성의 모든 계열사에게 업무적 효율을 가져다 주는 것도 아니었다. 고객을 직접 상대해야 하는 직군에서는 어려운 점이 많았다. 9·6제로 생활하는 고객과 패턴이 다르다 보니 여기저기서 문제가 발생할 수밖에 없었다.

이런 모든 상황이 예견되었는데도 7·4제를 강행한 것은 조직을 일신하기 위한 충격요법이 필요한 시기라 판단했기 때문이다. 이것은 어디까지나 대변화를 위한 신호탄이었다. 7·4제 자체가 일종의 조직 내 '메기'와 같은 것. 변화하지 않으면 생존할 수 없다는 것을 모든 직원에게 깨닫게 하기 위해서는 획기적인 방법을 쓸 수밖에 없었다. 대부분의 직장과 마찬가지로 당시 삼성직원들의 업무 개시 시간은 8시 30분이었다. 1시간 30분의 변화는 '잠에서 덜 깬' 삼성 직원들에게 '개혁'을 향해 몸과 마음을 깨우라는 변화의 장치가 되었다.

물리적인 충격을 가해 정신적 각성을 촉구한 7·4제에는 이건희 회장의 '1석 5조(一石五鳥)'라는 특유의 경영철학이 깔려 있다. 첫째는 아침 잠을 깨워가며 '변해야 산다'라는 위기의식을 던져주는 것이고, 둘째는 러시아워를 피할 수 있는 기반을 마련함으로써 물류비용을 줄이는 것이고, 셋째는 이를 통해 다시 업무 효율이 증대되기를 기대했다. 넷째는 오후 시간을 임직원 개인 시간으로 돌려 삶의 질을 높이는 것이고, 다섯째는 20만 명의 직원이 남들보다 한 시간 이상 일찍 출근함으로써 교통 체증을 해소하는 데 기여하는 것이다.

필자 자신도 초기의 적응이 힘들었을 뿐 7·4제에 적응된 이후에는 여가 활동과 원하던 공부를 마음껏 할 수 있어 이 제도의 혜택을 받은 셈이 되었다. 특히 일찍 퇴근하여 그동안 가장으로서 소홀했던 가정에도 제대로 아빠 노릇, 남편 노릇을 할 수 있어 좋았다.

삼성 신경영 왜 주목하는가?

개혁의 신호탄 역할을 한 7·4제를 시작으로 변화를 위한 가시적인 조치들이 이루어졌다. 먼저 5백억 원 가량의 휴대폰 불량품을 과감히 소각했다. 아무리 불량품이라 해도 그 금액이 엄청나 직원들이 받은 충격은 컸다. 그러나 이것은 과거의 타성으로부터 탈피해야 한다는 리더의 강한 의지였다. 인적 지원도 과감해졌다. 회사에 도움이 된다면 떠난 인물을 재기용하는 패자부활의 용병술이 도입되었다. 조직 활성화와 개인 창의력 발휘의 바탕이 되는 과감한 인센티브 제도도 시행되었다. 또한 내부 인재를 국제적 교육을 통해 박사로 육성하고, 지역전문가를 해마다 3백여 명씩 내보내는 등 글로벌 인재육성에도 의지를 강하게 드러냈다. 이런 일련의 조치들은 직원들에게 가만히 안주해서는 조직에서 살아남을 수 없다는 메시지로 받아들여졌다.

신경영의 요지는 삼성이 세계적인 선도 기업이 되겠다는 것이고, 이를 위해 제품과 서비스를 국제적으로 인정받는 수준까지 끌어올리겠다는 것이다. 이것을 이루기 위해서는 경영의 질, 사람의 질을 혁신적으로 바꿀 필요가 있었다. 결국 가장 시급하고 중요한 문제는 경영의 질, 사람의 질과 관련된 것이다. 경영의 질은 여러 가지 가시적인 조치들로 그 기반이 마련되어가고 있었지만 사람의 질을 혁신한다는 것은 여간 어려운 일이 아니다. 하지만 조직원의 헌신과 노력 없이는 기업이 성장할 수 없다는 당연한 명제에서 바라보면 이는 결코 버리고 갈 수 없는 일이다. 이 때문에 삼성은 인사혁신을 통해 이 문제를 과감하게 풀어갔다. 1993년 '마누라와 자식만 빼고 다 바꾸라'로 시작된 이건희 회장의 신경영은 천재육성론, 브랜드 가치와 스포츠 마케팅, 기회선점 전략, 골프경영, 문화경영, 윤리경영 등 당장의 현실에 맞는 경영지표를 내놓으며 끊임없이 목표를 제시하고 개혁의지를 내려놓지 않았다. 그리고 그 이면에는 조직을 혁신하고 사람을 변화시킨 신경영의 성과가 바탕이 되어가고 있었다.

IMF라는 초유의 경제위기를 극복하고 60억 달러의 브랜드 가치 달성, 외국 투자가들의 최고 선호기업, 신경영 10년 만에 66배의 수입 증가, 브랜드 가치 증가율 세계 1위, 메모리 반도체·평면 TV 등 18개 제품에서의 세계 시장 리더 등을 이룩한 글로벌 삼성의 이면에는 분명한 목표, 그것을 이루기 위한 구체적인 경영철학, 과감한 추진력이 존재한다. 또한 다가오지도 않은 먼 미래를 내다보고 위기를 예측하여 변화와

| 삼성 신경영 10년 |

천재급 인력의 확보를 통한 인재경영을 실현하여 세계에서 가장 존경받는 기업으로 발전

	1992년	2002년	2010년	비고
매출액	35.7조	137조	270조	2배
세전이익 (부채비율)	0.23조 336%	15.1조 65%	30조 -	2배 -
시가총액 (비중)	3.6조 (5.6)	74.8조 (26.8)	- -	- -
브랜드가치	-	60억 달러	700억 달러	11배
월드베스트	-	17개	50개	3배

혁신을 시작한 리더의 판단력이 있었다. 이러한 성과와 과정이 10년이라는 세월과 분명하게 대차되어 보이기에 삼성의 신경영은 세상 사람들에게 더욱 관심의 대상이 되는 것이다.

삼성 신경영과 함께 시작된 인사혁신

신경영의 시작과 함께 이건희 회장은 인사부분과 인재육성에 대해 강도 높은 변화와 개혁을 요구하였다. 삼성의 인사제도는 기본적으로 연공서열 제도였고 공기관이나 금융기관만큼이나 보수적이었다.
신경영과 함께 시작된 인사혁신 역시 충격적이었다. 연공서열 철폐라는 인사파괴가 시작되어 상무가 전무를 건너뛰어 부사장으로 발탁되

는 과감한 인사가 시행되었고, 능력중심·성과중심의 인사제도가 강화되었다. 즉 능력급제가 확대되고 연봉제가 도입되었으며, 연공서열, 성차별, 학력차별 등이 폐지되어 완전한 의미에서의 성과주의 인사가 시작되었다. 여성 전문인력도 과감히 확대하여 여성 임원이 처음으로 탄생하기도 하였다. 요즘의 현실과 비교하여 생각하면 별반 새로울 것이 없는 내용이지만 당시 이런 제도는 매우 충격인 것으로 받아들여졌다. 필자가 입사할 1980년대 당시만 해도 연봉제라는 것은 아예 없었다. 다만 보너스 제도를 과감하게 차등화하여 지급했기 때문에 보너스가 나오는 날은 몰래 봉투를 보려는 직원들로 화장실이 붐볐던 기억은 잊혀지지 않는다. 당시 삼성 인사제도의 기본은 연공제에 인센티브에 의한 차등화 정도였다.

지역전문가 제도 또한 이건희 회장의 의지의 산물이다. 이건희 회장은 취임하자마자 지역전문가 제도를 강화·추진하려 하였으나 많은 반대에 부딪쳐 접어야 했다. 그도 그럴 것이 지역전문가 1인당 급여를 포함하여 많게는 추가로 2억 원씩 들어가는 현실을 외면할 수가 없었던 것이다. 즉 한 회사에 지역전문가 10명이면 20억 원의 고정비가 새로 발생하는 것이었다. 그러나 신경영을 추진하면서 목표가 명확해지자 과감하게 선투자를 하게 되었다. 이에 따라 2005년까지 약 4천 명의 지역전문가가 64개 국에 파견되어 육성되었다. 비용으로만 따지면 8천억

원에 육박한다. 그러나 오늘날 글로벌 삼성의 성과 뒤에는 이들 지역전
문가들의 역할과 공이 크다. 일례로 중국에는 공장과 사무소가 50개 이
상이 있지만, 공장과 사무소를 움직이는 현지 핵심요원들은 그 당시 파
견되었던 지역전문가들이 주축을 이룬다.

지역전문가들은 일반적으로 생각하듯 고급레스토랑에서 밥을 먹고
백화점에서 물건을 사는 주재원과는 많이 다르다. 그래서야 어떻게 그
지역에 대한 특성을 자세히 파악할 수 있겠는가!

지역전문가는 배낭 하나만 매고 그 지역을 누비고 다니며 현지 사정을
파악하고, 삼성이 해당 지역에서 얻을 수 있는 이익의 접점을 찾아내
야 한다. 그 때문에 지역전문가로 파견되면 그 지역에 대해서는 모르
는 것이 없을 정도가 된다. 그러다 보니 현지 여성과 결혼하여 아예 그
지역에 눌러 사는 경우까지 생겼다. 지금도 지역전문가는 일년에
300~500명 정도가 파견되고 있다.

지역전문가에 대한 이건희 회장의 의지와 확신은 실로 대단하다. 일례
로 삼성생명은 업무 대부분이 국내에 한정되었기 때문에 지역전문가
를 파견할 이유가 없는데도 이건희 회장의 엄명으로 일년에 50명을 지
역전문가로 파견해야 했다. 그 결실이 어떠할지는 이제 지켜보아야 할
것이다.

미래 경영자를 양성하기 위한 과정들도 생겨났다. 미래의 경영자로 부
상할 부장과 차장급 중에서 60명 가량을 뽑아 경영자로서 필요한 공부

를 할 수 있도록 지원하는 제도다.

'테크노 MBA' 과정도 설치되었다. 기술경영의 실천을 위해 기술계통의 사람들에게 경영을 가르치기 위해 도입한 과정이다. 초기에는 한국과학기술원(KAIST)에만 설치했는데 지금은 성균관대에도 추가로 설치했다. 이는 '경영자는 기술을 모르고 기술자는 경영을 모른다' 는 이건희 회장의 계속된 질타에 그 해결책으로 나온 것이다. 사실 기술자들은 경영에 대해 무지하고 지원 부서 사람들은 기술에 대해 잘 모르다 보니 조직 내에 항상 문제가 발생했다. 그러나 이 과정의 도입으로 이러한 문제점은 많이 해소가 되었다.

전무급 이하 업무는 관계사로 전부 이양되고 인사팀에서는 데이터만 관리하는 것으로 프로세스가 바뀌었다. 결국 인사 역시도 '사람과 조직' 이 혁신이 되어야 한다는 틀 안에서 과감한 조치가 이루어진 것이다. 이러한 인사의 변화는 후에 인재경영의 꽃을 피울 수 있는 밑거름이 되었다.

| 사람의 질 혁신 주요 추진 사례 |

○ **핵심인력의 발탁, 양성**
- 지역전문가 제도 강화
- 삼성 Techno-MBA 신설
- 21C Leader 교육, 21C CEO 교육

○ **인사·교육제도 개혁**
- 7.4제 도입
- 여성 전문인력 채용
- 인사고과 제도 개선
- 능력급제 확대, 연봉제 도입
- 학력 차별, 성 차별, 연공서열 철폐

핵심인력을 발탁하고 양성하기 위해서는 인사제도의 혁신이 필요했다. 당시 삼성 인사제도는 놀라울 만큼 치밀하였으나 새로운 인재 양성프로그램에는 걸맞지 않은 부분이 많았다. 바로 인사 프로그램은 새 것이나 사람은 예전 그대로라는 것. 삼성은 제도와 프로세스가 아무리 훌륭해도 결국 모든 일은 사람이 할 수밖에 없다는 것을 비교적 일찍 깨달았다. 그래서 너무도 대담하게 인사의 경험이 없는 사람들을 비서실 인사팀으로 이동시켜 인사제도가 가지고 있는 오랜 관행을 깨는 데 주력했다. 그 결과 인사에 관한 업무과 권한이 관계사로 대폭 이양되었다. 과거에는 대리급 승격 심사조차 그룹 비서실에서 확정했던 것에 비하면 엄청난 변화였다.

대리급 인사까지 그룹 비서실이 처리하다 보면, 관리자는 직원을 통제하는 데 어려움이 생긴다. 조직이 빠르고 강해지려면 관리자의 권한이 유지되어야 하고 인사는 그 기본에 속한다. 그룹 차원에서 대리급 인사까지 일일이 관여한다면 그룹의 통제력은 강해지겠으나 각 개별사의 자생적인 움직임은 힘겨울 수밖에 없다. 이런 의도에서 인적자원을 교체하자 상당부분 기존의 관행이 깨지고 이건희 회장이 늘 강조한 자율경영에 적합한 인사정책 아이디어들이 나오기 시작했다.

인적자원까지 바꾸어가며 시도를 해야 했던 이유는 인사라는 업무 자체가 가진 보수성 때문이다. 이건희 회장은 인사의 변화를 계속 강조해왔는데 기존의 인적자원으로는 한계가 있었다. 그래서 결국 신경영을 추진한 것이다. 당시 상당히 보수적이었던 인사제도는 지금은 과거와 비교할 수 없을 정도로 많이 바뀌었다.

삼성 신경영의 주요한 변화 중 또 하나는 경영의 틀과 관리 스타일의 혁신이었다. 그 당시 삼성에서는 관리본부, 관리부, 관리과라는 중앙조직이 무소불위의 막강한 파워를 가지고 있었고, 사장단이나 임원들도 대부분 경리나 관리 출신들로 관리직은 현장의 부서보다 출세길에 있어 우위에 있었다.

문제는 관리조직들이 현장의 목소리를 무시하거나 상황판단을 잘못하는 경우 그것이 회사의 이익과 직결된 문제를 야기한다는 데 있다. 관리부서가 결정을 하는 부서처럼 권한이 증대되면서 생긴 폐단이다. 이건희 회장은 다음과 같은 말로 관리 만능의 문제점을 꼬집었다.

> "100센티미터 파이프 라인으로 무장되어 있다 해도 한 영역이 50센티미터라면 50센티미터 파이프 구실밖에 못한다. 기업도 생산·유통·판매·경영관리 중 하나라도 이류면 이류 기업밖에 안 된다."

그 결과 관리본부, 관리부, 관리과 등은 통제가 아니라 현업을 지원하고 서비스하는 부서로 바뀌었다. 그리고 그러한 의미를 담아 1993년 이후로 삼성은 '관' 자가 붙어 있는 부서 간판을 다 내렸다. 지금의 삼성 그룹은 어느 회사를 가도 '관' 자가 붙어 있는 부서명칭을 볼 수 없다. 비품을 관리하는 관재과를 빼고는 말이다. 모두 '경영지원실'이나 '경영전략실'로 바뀌었다. 또한 몸집을 줄이고 결재 단계를 과감히 팀원 → 팀장 → 사장으로 축소하는 등 대대적인 조직혁신을 이루었다. 관리조직의 명칭은 물론 기능과 구조까지도 획기적으로 바꾼 것이다.

아울러 삼성은 1985년부터 삼성물산과 삼성생명을 시범회사로 지정하여 화이트칼라 생산성 향상 운동인 이른바 사무혁신을 대대적으로 추진하였다. 이때 대대적으로 도입된 것이 팀제인데, 이는 관료적인 기업문화나 통제중심의 대기업병을 과감히 털어낼 수 있는 근간이 되었다. 더불어 조직 자체도 탄력적인 운영이 가능한 형태로 변화되었다.

Smart Idea! 대기업병과 성인병

대기업병이나 관료병은 성인병처럼 자기도 모르는 사이에 찾아온다. 관료병은 나이가 들거나 사전에 관리하지 않으면 자신도 모르게 찾아오는 성인병과 아주 흡사한 면이 있다. 대기업병이나 관료병과 성인병과의 공통점을 찾아보자.

첫째, 자각증상이 없고, 자각증상을 느끼게 되면 이미 심각한 상태다.

둘째, 수술로도 고칠 수 없기 때문에 체질 개선이 제일 중요하다.

셋째, 합병증세가 나타나면 불치의 병이 된다.

개인 차원의 합병증도 문제지만, 조직 안에 '집단적 합병증'이 나타나면 더욱 문제가 커진다. 집단적 합병증은 기업뿐 아니라 사회 전반에서도 볼 수 있다.

이러한 성인병은 유전적인 측면도 있지만 주로 습관에서 나온다. 때문에 일본 후생성에서는 몇년 전 성인병을 '습관병'으로 고쳐 쓰기 시작했다.

기업에서도 관료병은 어디까지나 조직의 습관, 즉 조직문화에서 비롯된다. 변화하는 환경에 맞추려면 조직에 새 바람을 지속적으로 불어넣어야 한다. 그렇지 않으면 어떤 조직이던 관료화되고 만다. 습관은 언제나 GO만 있고 STOP이 없기 때문에 '습관의 벽'을 허무는 작업이 변화와 혁신의 문턱에서 가장 중요한 큰 과제일 수밖에 없다.

삼성의 힘은
시스템에서 나온다

어느 정도 커가던 회사가 망하는 이유

얼마 전 삼성에 있던 한 사람이 회사를 그만두고 어느 기업으로 자리를 옮겼다. 그 회사는 외형이 1천억 원이 넘는 중견 기업인데, 그 기업의 창업 오너는 삼성 그룹 출신 임원 5명을 영입하여 내년부터는 모든 경영을 일임할 계획이라고 한다. 그리고 처우도 삼성 그룹 못지않게 해준다는 것이다. 그 창업 오너의 생각은 그의 말을 통해 알 수 있다.

"내가 경영에서 손을 떼고 정치나 다른 사회활동을 하겠다는 것은 절대 아니다. 오히려 회사가 더 크게 발전하기 위해서는 시스템에 의해서 조직적으로 경영되어야 할 것 같아 여러분들에게 맡기고 나는 여러분들을 도와주는 일만을 할 생각이다."

제대로 실천만 된다면 이것은 매우 이상적인 일이다. 규모의 경제를 이룬 기업의 창업자가 1세대로서의 아집을 버리고 '조직과 시스템에 의한 경영체제'를 구축한다면 회사의 미래는 더욱 탄탄해질 것이기 때문이다.

하지만 화려한 이력을 무기로 다른 회사로 자리를 옮긴 삼성 출신들이 이름에 걸맞지 않게 실패하는 경우도 많다. 처우만을 바라보고 '사람에 의한 경영'을 하는 회사로 옮겨가면 경영스타일에 적응하지 못하고 대부분 실패하는 것이다.

'사람에 의한 경영'은 창업자나 오너 중심의 경영을 말한다. 1세대 중심의 창업자나 오너들은 대체로 유능한 인재를 뽑아 많은 보수를 주고 일을 시켜본들 자기만큼 잘 알지도 못하고 열심히 일하는 것 같지도 않다고 생각한다. 그래서 결국 회사의 의사결정 대부분이 업무 시스템이 아닌 자신과 오랫동안 동고동락해온 측근 몇 사람을 통해 이루어지는 악순환이 반복된다. 이것이 사람에 의한 경영이다.

삼성에서는 개인이 유능해서 조직이 성과를 낸다기보다 조직을 운영하는 시스템이 막강하여 개인이 덕을 보는 경우가 많다.

합리적인 조직문화가 잘 갖추어져 있는 조직에서는 힘을 발휘하던 사람도 의사소통이 왜곡된 기업에서는 능력을 발휘하지 못하는 경우가 많다. 이것이 삼성에서는 뛰어난 업적을 남긴 사람이 타기업으로 옮겨 몰락한 대부분의 이유이다.

삼성의 관리 출신이자 지금은 동부철강에서 삼성의 시스템 경영을 접목시키는 전도사 역할을 하고 있는 천주욱 사장은 규모의 경제를 이룬 회사들이 규모에 맞지 않게 망하는 이유를 이렇게 지적하고 있다.

"기업이 어느 정도 성공하면 과거 창업 때 순수했던 초심은 깡그리 잊어버리고 본격적으로 재벌 행세를 하기 시작한다. 사업성보다는 얄팍한 금융지식이나 주변 사람들이 가져오는 정치적 이권을 믿고 새로운 사업에 진출하여 외형 키우기에 나선다. 이를 통해 조금 더 규모가 커지면 위세를 부리느라고 골프장도 짓고 장학재단도 설립하고 사모님을 위해서 미술관도 만드는 등 온갖 거드름은 다 피운다. 문제는 외형의 유지다. 사업적 타당성에 의해 충분히 성장 가능하고 튼실한 규모로 외형이 성장했다면 문제가 없지만 커진 규모에 걸맞는 성장 비전을 제시하고 도약하지 못하면 그때까지 이룩한 규모의 경제는 기업에 독이 된다. 결국 자금의 압박, 관리의 부실, 사양화에 다다를 수밖에 없다. 이 경우 버티지 못하면 은행관리나 법정관리로 들어가게 된다. 기업이 성장한 후에는 창업자의 카리스마와 능력에 의해 고군분투하던 때와는 달리 조직과 시스템에 의한 경영이 이루어져야 한다. 시스템 경영을 통해 합리적인 의사결정을 할 때 많은 조직원의 지혜가 모이고 회사의 비전이 밝아진다. 모든 경우가 그렇지는 않겠지만 기업이 성장한 후에도 창업자의 독단에 의해 모든 의사가 이루어지는 의사소통의 쏠림 구조를 가지고 있는 기업들은 '사람에 의한 경영'을 계속 고집하다가 결국 이름에 걸맞지 않게 파산하는 경우를 심심치 않게 볼 수 있다."

기업 규모가 어느 정도 될 때까지는 '사람에 의한 경영'이 가장 효과적일 수 있다. 비용도 적게 든다. 이 때문에 창업자들은 쉽게 이것을 버리지 못한다. 그러나 '사람에 의한 경영'에는 한계가 있다. 업종에 따라 차이가 있겠지만, 회사 외형이 연매출 500~1000억 원 정도로 성장했거나, 창업자가 연로하여 2세 경영을 준비하거나, 또는 창업자가 갑자기 유고해 2세 경영을 맞이하는 경우, 제일 먼저 해야 하는 일은 바로 조직과 시스템에 의한 경영체제를 갖추는 것이다.

진로그룹, 나산그룹, 한양주택그룹, 해태그룹, 신동방그룹, 동아건설그룹, 라이프주택그룹, 신원그룹 등 많은 기업들이 창업 당대에는 규모의 경제를 이루었다. 그러나 조직과 시스템에 의한 경영체제를 갖추지 못한 채 2세 경영에 들어가고, 2세 경영 초기에 무리하게 사업을 확장하거나 신규사업을 추진하다가 결국 그룹 전체가 부실화의 길로 들어서 돌이키지 못했다.

삼성의 녹슬지 않는 비밀병기, 시스템 경영

고(故) 이병철 삼성 그룹 회장은 작고하기 며칠 전까지도 강력한 리더십으로 삼성 그룹 전체의 경영을 장악하고 있었다. 고 이병철 회장이 말년까지 강력한 리더십으로 회사를 장악할 수 있었던 이유는 삼성을 빈틈 없는 조직과 시스템으로 경영했기 때문이다.

고 이병철 삼성 그룹 회장이 처음부터 조직과 시스템으로 경영을 했던 것은 아니다. 1938년 무역회사인 삼성물산을 시작으로 설탕사업과 모직사업을 해나갈 때는 공장건설, 생산, 판매, 구매 등 모든 소소한 일까지 자신이 모두 직접 챙겼다. 그 결과 모든 문제에 회장이 개입해야 했다. 회사 일에 관해서는 회장 자신보다 더 많이 아는 사람도, 더 많이 고민해본 사람도 없었기 때문이다. 그러나 1960년대 말 삼성이 어느 정도 재벌그룹으로 커지자 고 이병철 회장은 비서실(지금의 구조조정본부)이라는 조직을 만들고, 계열사에도 이에 상응하는 관리부서를 강화하여 본격적으로 조직과 시스템에 의한 경영을 하기 시작했다. 권한에 상응하는 책임을 조직과 시스템에 넘기고 모든 현장이 서로 경쟁하고 견제하면서 자율적으로 경영되도록 유도한 것이다. 회장 자신은 가장 중요한 경영 핵심만을 관리했다. 하지만 모든 일은 하루아침에 이루어지지 않는다. 조직과 시스템을 보완하는 이 작업은 오늘날까지도 계속되고 있다.

조직과 시스템이 경영에 완전히 정착되고 훌륭하게 작동되고 있다는 사실이 확인된 것은 경영의 체계를 바꾸기 시작한 지 20년이 지난 1980년대 중반이었다. 이병철 회장이 암에 걸려 미국에서 치료를 받느라고 장기간 자리를 비우는 위기의 상황이었는데 아무런 문제가 없었던 것이다. 그룹 회장이 장기간 자리를 비웠는데도, 그저 각 사 사장이나 비서실장을 통해 몇 가지 경영 핵심을 짚어보는 것만으로도 삼성 그룹은 원활하게 돌아갔다. 조직과 시스템에 의한 경영이 안착된 것이다.

이건희 회장 역시 매주 수요일에 열리는 사장단 회의나 최종 의사결정 기구인 '11인 구조조정위원회'에 거의 참석하지 않는다. 신병 치료를 위해 6개월 가량 자리를 비우거나 장기 해외 출장으로 회사를 떠나 있을 때에도 이건희 회장이 자리를 비웠기 때문에 그룹에 문제가 생겼다거나 의사 결정이 늦어졌다는 말은 거의 들어본 적이 없다. 삼성 그룹은 여전히 잘 굴러갔다. 이런 배경엔 '조직력과 시스템 경영'이 자리하고 있다. 누가 어떤 일을 맡아도 척척 해낼 수 있을 만큼 시스템이 잘 갖춰져 있다는 뜻이다.

시스템 경영의 실체는 무엇인가? 한 컨설턴트는 인적관리가 아닌 시스템적 관리이며, 사람 중심이 아닌 회사 조직력 중심 관리, 정보화를 통한 관리라고 설명한다. 맞는 말이다. 시스템이 잘 구축된 회사는 사람과 업무를 판단할 때 주먹구구식으로 판단하지 않는다. 분명한 근거와 기준을 제시한다. 회사 구석구석까지 규정이나 규범, 그리고 업무프로세스가 표준화되어 있다. 경영혁신, 인력관리, 성과관리, 감사업무 등이 모두 시스템으로 구축되어 있고 그 결과에 따라 의사결정을 하기 때문에 불합리한 결정을 내릴 확률이 적다.

삼성이 강한 진짜 이유 세 가지

삼성에 대한 강의나 세미나를 개최하다 보면 삼성의 강점을 세 가지로 요약해달라는 질문을 자주 받는다. 조직과 시스템도 그 안에 포함되기 때문에 이를 요약하여 정리해보도록 하겠다.

첫째, 삼성이 강한 이유는 우수한 인재를 많이 보유하고 철저한 교육을 시키고 있기 때문이다. 삼성에 입사한 사람이라면 지능지수가 100이 되었던 150이 되었든 누구든지 엄청난 교육의 기회를 가지게 된다. 삼성의 직원들은 그룹교육, 각 사가 별도로 시행하는 교육, 현장교육, 자기계발 등 다양한 교육을 통해 성장하고 육성된다. 이 때문에 삼성에 입사하면 본인의 노력 여하에 따라 누구나 우수한 인력으로 키워질 수 있다. 게다가 이건희 회장이 취임하면서 인재경영을 표방하고 핵심인재 개념을 도입함으로써 우수인재의 폭은 더욱 넓어졌다. 내부에 있는 직원들에게 끊임없이 교육과 자기계발을 시키고, 우수인재나 핵심인재들을 외부에서 지속적으로 영입하다 보니 회사에는 활용할 재원이 많아졌다.

둘째, 삼성이 강한 이유는 제도와 시스템에 의한 투명한 경영을 하기 때문이다. 삼성은 원칙과 상식이 통하고 모든 인사시스템이 투명하게 운영된다. 예를 들어 임원으로 승진할 자리가 5명이라고 할 때, 과연 누가 임원으로 승진할지 알아보는 방법은 간단하다. 사원들에게 물어보는 것이다. 인사에 대해서만큼은 사원들의 생각이 90% 이상 정확이 들어맞는다. 그만큼 인사평가가 표준적인 프로세스, 모두가 알고 있는 정확한 기준에 의해 움직인다는 뜻이다. 또 다른 예를 들자면 본인의 평가 내용을 언제라도 시스템을 통해 열람할 수 있다는 것이다. 평가 자체가 공개되기 때문에 평가자는 객관적인 기준으로 평가할 수밖에 없다. 또 평가받는 사원도 회사가 원하는 근무태도와 방식을 보고 자신의 평가 결과를 미루어 짐작할 수 있다. 가령 입사 동기가 100명인 사원 중한 명이 시스템에 접근하면 내가 전체에서 몇 등쯤 하고 있는지 알 수있다. 부장은 몇 년 뒤에 될 수 있는지도 시스템을 통해 알 수 있다. 내년에 연봉이 올라갈지 깎일지, 올라가면 얼마나 오를지도 알 수 있다. 그 모든 것이 상시 공개되기 때문에 불합리한 것은 언제든 시정을 요구할 수 있고, 자신의 잘못은 스스로 납득할 수 있게 된다. 또 어떻게 분발해야 하는지도 알게 된다. 덕분에 삼성에는 인사나 대우에 대한 불만이 거의 존재하지 않는다. 구조조정 역시 마찬가지다. 일반적인 회사의 경우 구조조정 대상이 되는 사람들은 왜 하필 내가 대상이냐고 난리가 나는 경우가 많다. 삼성 역시 구조조정을 한다. 하지만 특별한 문제가 나타나지 않는다. 투명한 인사시스템에 의해 대상자가 선정되기 때문에 명예퇴직 공고가 붙으면 큰 무리없이 명예퇴직 신청 후보 인원이 채워진다. 구조조정이 그리 좋은 예라고 볼 수는 없지만 그런 것이 수긍될 정도로 투명한 인사가 시스템이 가동되고 있는 것이다.

셋째, 삼성이 강한 이유는 강한 조직력에 있다. 조직력은 경영철학과 핵심가치(Core Value)에 대한 교육으로부터 나온다. 이러한 교육을 통해서 20만 전 직원이 한 방향으로 결집된다. 얼마 전 신문에서 '2006년 6월 휘닉스파크는 1만여 명의 삼성 신입사원 수련대회로 난리가 났다' 는 기사를 볼 수 있었다. 각 사에서 뽑은 각기 개성이 다른 신입사원들을 한 방향으로 일치시키는 이 교육의 목적은 신입사원을 철저하게 삼성맨으로 변화시키고 조직이 지향하는 목표를 주지시켜 쉽게 조직에 동화시키려는 것이다. 이러한 정교한 교육을 받은 신입사원들은 그만큼 빨리 조직을 이해하고 조직에 동화되어 '자랑스런 삼성' 에 기여하게 되고, 더욱 강한 조직력의 근간이 된다. 경영철학과 핵심가치에 대한 교육은 비단 신입사원에만 그치지 않는다. 대리부터 사장에 이르기까지 계층별로 다양하게 이루어진다.

이 외에 여러 가지 관점에서 본다면 삼성이 강한 이유는 매우 다양할 것이다. 필자가 언급한 삼성의 강한 세 가지 이유는 인사적 차원에서의 강점을 특별히 꼽은 것이다. 그 이유는 이건희 회장이 취임하면서 삼성을 이끌어갈 새로운 패러다임으로 인재경영을 외쳤고 그것이 오늘날 삼성의 발전에 밑거름이 되었을 뿐 아니라 앞으로도 삼성의 발전에 가장 기본적인 발판이 될 것이라 믿기 때문이다.

| 삼성의 강점 |

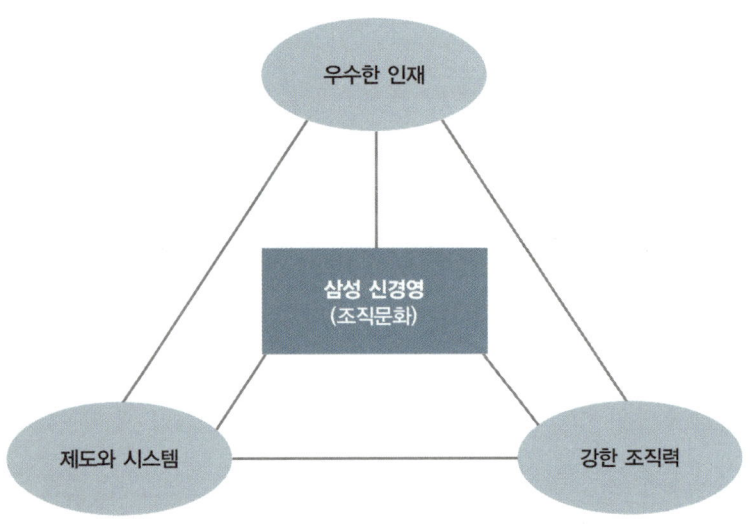

시스템 경영의 조건

이건희 회장이 취임하면서 삼성이 더욱 발전하게 된 데는 이건희 회장의 능력에 기댄 바가 크다. 이건희 회장의 미래를 보는 통찰력, 큰 그림을 그리는 능력, 강력한 카리스마와 추진력은 삼성 발전에 커다란 동력이다. 하지만 앞서 언급한 바와 같이 고 이병철 회장이 구축해놓은 조직과 시스템에 의한 경영체제, 이 체제를 지탱하는 충성심 높은 유능한 인재, 선의의 경쟁과 견제를 유도하는 시스템 역시 큰 몫을 한 것이 사실이다.

이런 무형의 유산을 고스란히 물려받았기 때문에 이건희 회장의 트레이드마크라 할 수 있는 신경영이 효과를 발휘한 것이며, 오늘날과 같은 일류 기업으로 발전할 수 있었던 것이다.

아무리 좋은 조직과 시스템이 있어도 그것을 어떻게 운영하는가가 중요하다. 운영을 잘못하면 결국 취지에 무색한 결과가 나오기 마련이다. 그럼 이런 조직과 시스템은 어떻게 지켜낼 수 있었을까? 여기에는 삼성만의 독특한 입구 전략이 숨어 있다. 입구 전략이란 입사 시부터 공정한 경쟁과 원칙으로 사원을 뽑고 관리하는 것이다.

고 이병철 회장은 1960년대 말 '조직과 시스템에 의한 경영체제'를 본격적으로 갖추면서 인건비 상승을 감수하고라도 임직원들에게 최고의 대우를 해주면서 권한과 책임을 넘기기 시작했고, 좋은 인재를 선발하고 지속적인 교육을 통해서 최고의 인재, 충성심 높은 인재, 깨끗한 인재를 양성하는 데 많은 노력을 기울였다. 그 중 이병철 회장이 가장 신경을 쓴 부분은 신입사원 선발이다. 국내 최초로 기업의 공채제도를 도입한 것도 이병철 회장이다. 고 이병철 회장은 아무리 바쁜 일이 있어도 신입사원 면접시험에는 꼭 참석할 정도로 기업의 미래를 짊어질 좋은 인재 선발에 최선을 다했다. 삼성의 입구 전략은 여기서부터 시작된다. 회장이 신입사원 면접까지 직접 신경을 쓰다 보니 입사 과정에 부정이 끼어들 여지가 없었다. 또한 인재의 중요성을 강조하다 보니 입사기준에 대한 명확한 근거를 세워야 했다.

대기업을 운영하다 보면 여기저기서 입사 청탁이 많이 들어오기 마련인데, 삼성은 고 이병철 회장 때부터 이러한 부정의 소지를 철저히 차단해왔다. 하지만 정치인이나 권력자들의 청탁으로 그들 자녀를 삼성의 신입사원으로 입사시키지 않을 수 없는 경우도 더러 있다. 이 경우 그런 신입사원은 아예 인사카드에 '연고채용'이라는 별도의 딱지를 붙여두었다. 친인척 역시 마찬가지이다.

고 이병철 회장은 철저한 능력위주 인사와 깨끗한 조직을 유지하기 위해 친인척의 삼성 그룹 입사를 극히 제한했다. 간혹 일류 대학 출신의 친인척이 입사하는 경우는 있었지만, 이들 역시 관리대상의 명단에 올랐다. 이렇게 '연고채용'이나 '관리대상'에 오르면 아무리 일을 잘 해도 입사 동기생들 중에서 가장 늦게 승진된다. 때문에 견디지 못하고 나가는 경우가 많다. 이 정도로 삼성은 정실이 없는 깨끗한 인사에 노력했다.

이러한 입구 전략은 자연스럽게 입사 시절부터 공정한 경쟁이 가능하도록 하여 능력에 의해서만 승진될 수 있도록 제어하는 장치가 되었고 조직력을 극대화하는 밑바탕이 되었다.

인재를 뽑은 후에는 충분히 교육·육성하여 능력에 걸맞은 최고 대우를 했다. 이것은 삼성의 출구 전략에 속한다. 삼성은 업계 최고 대우를 함으로써 육성한 인재를 지키고, 인재가 몸바쳐 최선을 다할 수 있는 여건을 마련했다. 이와 더불어 부정행위나 사리사욕을 챙기는 임직원이 있으면 그가 아무리 뛰어난 능력을 갖고 있고 회사 발전에 엄청난 기여를 했다 하더라도 절대로 용납하지 않고 옷을 벗겼다. 이는 기업 내부의 공정한 경쟁을 방해하고 자율적인 기업 시스템을 마비시키는 중대한 위해 행위이기 때문이다. 이렇게 닫힌 출구와 열린 출구를 분명히 하자 견제와 균형이 자연스럽게 유지되었고 최선을 다할 수 있는 문화가 조성되었다. 또한 조직에 활력을 불어넣음과 동시에 조직 전체가 깨끗하게 유지될 수 있었다.

이런 입구 전략과 출구 전략은 조직의 안정성과 정상적인 시스템의 작동을 보장하는 장치였다.

삼성의 기반이 되는 것은 이 외에도 여러 요소가 있겠지만, 삼성만이 가진 입구 전략과 출구 전략은 조직과 시스템 경영을 보장하고 내부 결속을 강화하면서도 견제와 균형이 평행선을 유지할 수 있도록 하는 전제 조건으로서 가장 첫 번째로 꼽을 만한 것들이다.

삼성맨의 성공 DNA

성공한 개인이나 기업들은 나름대로의 성공 유전자를 가지고 있다. 이러한 유전자들은 환경변화에 관계없이 지속적으로 발전하고 다듬어져 나가는 특성이 있다. 오늘날 성공한 기업으로 각광받는 삼성의 경우 또한 마찬가지다. 삼성을 성공으로 이끈 삼성맨들이 공통적으로 가지고 있는 성공 유전자, 성공 DNA를 정리해보면 다음과 같다.

| 삼성맨의 성공 DNA |

철저한 자기관리와 끊임없는 노력으로 최고에 도전하며 조직에 대한 로열티가 강함.

- 부단한 자기계발과 교육(그룹 교육)
- 보이지 않는 치열한 내부 경쟁 의식
- 일등주의 미래 지향적 사고
- 깨끗한 조직문화와 투명성
- 조직에 대한 로열티와 강한 책임감

대부분은 회사가 삼성맨으로 육성하는 과정에서 강조하는 부분으로 이미 앞에서 언급한 것들이다. 이러한 삼성맨들의 성공 DNA는 오늘날 기업을 둘러싼 예측할 수 없는 경영환경의 불확실성 속에서 삼성이 어떤 조직보다 먼저 대응할 수 있는 기반이 되고 있다.

오늘날의 경영환경은 한마디로 말해 '불확실성'이라 할 수 있다. 이 불확실성은 크게 두 가지로 나눌 수 있다.

● 첫째, '구조적 불확실성'이다. 기술혁신, 디지털화(인터넷 확산), 규제완화, 글로벌화 등 업계 구조나 산업 전체가 가지고 있는 불확실성으로 이런 불확실성에는 유가의 등락, 환율변동, 환경규제, 통상마찰 등이 포함된다.

● 둘째, '경쟁적 불확실성'이다. 경쟁적 불확실성은 다양화나 복잡화를 특징으로 하는 소비자 니즈의 변화가 매우 빠르게 진행되면서 발생한다. 기업들의 성공과 실패는 경쟁적 불확실성을 어떻게 극복하고 대응하느냐에 달려 있다.

삼성맨들의 성공 DNA는 이런 불확실성을 뛰어넘을 수 있는 내부의 역량을 강화하여 경쟁의 우위에 설 수 있도록 하는 지표가 되고 있다. 똑같은 경영환경을 가진 기업들이 경쟁에서 이기고 지는 것에는 분명한 이유가 있다. 변화에 적응하기 위한 적절한 전략의 수립도 중요하지만 이에 상응하는 조직과 그것을 움직이는 사람들의 DNA가 받쳐주지 않으면 성과를 거두기 어렵다. 삼성은 그것을 몸소 보여주고 있다.

삼성맨들의 성공 DNA는 끊임없는 교육과 지속적인 훈련을 통해 최고경영자의 경영방침을 자신의 것으로 받아들이고 그에 맞는 기업문화를 형성할 때 완결된다. 그리고 이러한 완성은 다시 조직에 대한 충성심과 결속력으로 나타난다. 삼성맨들은 이를 통해 조직 로열티가 강한 일등주의 사고방식을 가지게 되며, 강한 조직 로열티와 일등주의는 제품과 서비스에 반영되는 선순환이 이루어진다.

일등 제품을 만들려는 열정과 그것이 가능한 조직에 대한 자랑스러움은 이제 어떠한 환경의 변화에서도 해결책을 만들고 적응이 가능한 삼성맨의 성공 DNA가 되고 말았다.

예를 들어 향후 1년 안에 반도체 가격이 폭락할 것이 예측되었다고 하자. D램 가격이 폭락했을 경우 세계 모든 반도체 회사들은 치명적인 타격을 동시에 '구조적 불확실성'에 직면하게 된다. 하지만 삼성맨들은 위기를 기회로 활용하여, 오히려 가격 폭락에 대비해 원가절감을 할 수 있는 기술개발과 새로운 판매전략을 준비한다. D램 가격의 폭락을 피할 수 없다면 이에 도전하는 것이다. D램 가격 폭락 후 살아남은 기업은 시간이 지나면 도리어 상대적인 경쟁우위를 점하게 된다. 이처럼 조직 로열티와 일등주의는 쉽게 시장에 실망하거나 물러나지 않게 해주는 버팀목이 되고 있다.

4

삼 성 의   신 인 사 제 도
무 엇 이   다 른 가 ?

'믿지 못할 사람은 쓰지 말것이며, 일단 쓴 사람은 의심하지 마라.'
삼성의 인사 철학이다. 삼성을 움직이는 인사 시스템의 원리는
경쟁과 보상에 따른 열린 출구 정책에서 비롯된다.

삼성 인사의 기본원칙, Samsung HR Way

앞에서 필자는 삼성 도약의 큰 핵심 중 하나는 인재경영에 의한 것이라는 것과 이 새로운 인재채용과 교육의 특성에 대해 언급한 바 있다. 이제 우리가 알아볼 것은 삼성의 인사정책이다. 인사정책을 알면 그 기업이 인재를 육성하면서 또는 인재를 영입한 후에 어떤 방식으로 관리하는지를 알 수 있다. 그런 이유로 삼성의 인사 기본원칙을 다음의 표와 같이 정리해보았다. 이 표는 삼성에서 공식적으로 쓰고 있지는 않지만

| Samsung HR Way |

구분	핵심내용	주요 원칙 비유
인사철학	신상필상(信賞必賞)	의인불용 용인불의(疑人不用 用人不疑)
인사제도	철저한 경쟁원리	아우토반과 시골길
인력관리	입구와 출구관리	메기론과 버스기사
조직관리	조직과 직급파괴	장기가 아닌 바둑식

필자가 삼성에 있으면서 또 삼성의 인사제도를 연구하면서 나름대로 정리한 것이다. 필자는 이를 'Samsung HR(Human Resources) Way'라고 명명하였다.

의인불용 용인불의

고 이병철 회장의 인사철학은 '의인불용 용인불의(疑人不用 用人不疑)' 였다. 이는 중국의 사서 중 하나인 송사(宋史)에서 나온 말로 '믿지 못할 사람은 쓰지 말 것이며 일단 쓴 사람은 의심하지 마라'는 뜻이다. 이 원칙은 이건희 회장에게도 고스란히 이어져 삼성의 인사철학이 되었다.

이러한 인사철학은 '믿고 맡기는 스타일'의 이건희 회장을 만들었다. 아무리 능력 있는 사람이라도 모든 사업에서 언제나 성공한다는 보장은 없다. 이건희 회장은 실패했다고 사람을 버리면 인재를 잃는다고 생각했다.

실패한 인재도 일신 차원에서 다른 사업부로 옮기면 더 큰 성공으로 지난번의 실패를 만회하는 경우도 있다. 때문에 과감하게 새로운 것에 도전하여 생기는 실수나 실패는 소중한 경험이자 자산이 될 수 있으므로 격려 받아야 한다는 것이 이건희 회장의 견해다. 하지만 동일한 실패를 반복하거나 노력을 하지 않는 자에 대해서는 냉정하다 할 만큼 엄격하다. 문제점을 지적했는데 시정이 안 되는 임원에 대해서는 인사조치도 거리낌이 없다.

이건희 회장은 인센티브 신봉자다. 경영진에 대한 파격적인 연봉, 과감한 스톡옵션 등 인센티브는 조직 활성화와 개인의 창의력 발휘의 촉진제가 된다는 신념을 가지고 있다. 이는 믿고 맡기는 것에 대한 일종의 보상이라고 할 수 있다. 회사가 당신을 믿으니 최선을 다해달라는 의미다. 그래서 회사에 도움이 되는 인력에게는 비용을 아끼지 말라고 늘 주문한다. 심지어 노력했다면 비록 성과가 부진하더라도 인센티브를 줘야 한다는 게 그의 생각이다. 그래서 삼성에는 신상필벌(信賞必罰)이 아닌 신상필상(信賞必賞)이 종종 시행되기도 한다.

사람은 가려 쓰되 일단 믿고 쓰면 모든 지원을 아끼지 않는다는 것. 이것이 삼성 인사철학의 근간이다. 그 근간 안에서 개인에 대한 평가가 나오니 때때로 신상필상(信賞必賞)도 가능한 것이다.

아우토반식 인사제도

삼성을 움직이는 인사 시스템의 원리는 '경쟁'과 '보상'이다. 삼성은 모든 것을 경쟁시킨다. 경쟁에 따른 결과에 대해서는 파격적인 보상을 제시한다. 이것을 뒷받침하기 위해 앞에서 언급한 대로 국내 최고 수준의 평가시스템이 발달되어 있고 인재육성을 위한 교육 시스템이 만들어져 있다.

성과와 능력에 따른 승진 방식은 무한질주가 가능하다는 독일의 아우토반(Autobann)을 달리는 차의 속도와 같다. 능력과 성과에 따라 승진 속도가 다르고 처우도 다르다. 철저한 목표관리와 평가를 통해 구성원 모두가 납득하는 이유 있는 차별화인 만큼 내부의 잡음 역시 없다.

차별화 전략의 효과는 탁월하다. 개인의 노력과 성취도에 따라 생기는 '이유 있는 차별'에 대해서 삼성 사람들은 불평을 하지 않는다. 오히려 의욕을 부추기고 경쟁심을 불러 일으키며 새로운 도전의식을 키우는 이유 있는 차별은 개인의 성취욕을 자극하고 기업의 목표를 달성하게 하게 하는 중요한 수단이 되고 있다.

삼성에서 승진하려면 오로지 실력을 키우는 길 외에는 답이 없다. 대신 기회는 누구에게나 똑같이 열려 있다. 능력만 있다면, 또 노력만 한다면 학벌이 조금 떨어지더라도 최고의 자리까지 오를 수 있다. 중요한 것은 얼마나 성과를 내느냐. 삼성은 철저한 성과주의를 채택하고 있기 때문에 승진이나 연봉은 성과에 따라 차별화된다. 가령 삼성전자에서는 국내외에서 뽑은 박사급 연구원 3천 명이 근무하고 있는데, 이들 중 가장 높은 등급을 받는 400여 명의 S등급 연구원은 가장 높은 성과를 달성하기 때문에 같은 직급의 임직원보다 연봉이 최고 세 배나 많다. 승진에서 이들이 훨씬 유리한 것은 두말할 필요가 없다. 이처럼 삼성은 철저히 성과에 따라 보상한다. 때문에 삼성맨들은 더 나은 기회를 보장받기 위해 성과에 집착한다.

Smart Idea! 아우토반과 시골길

독일에 가면 세계 최초의 현대식 고속도로로 유명한 아우토반 (Autobann)이 있다. 1929년 착공하여 1932년 쾰른과 본 간에 첫 개통된 이후 이제 아우토반은 1만 5천 킬로미터에 달하는 거리를 자랑한다. 아우토반의 또 하나의 자랑거리는 이 고속도로의 평균 주행속도가 시속 200킬로미터를 넘는다는 점이다. 요즘에 들어 일부 구간에서는 속도를 제한하기도 하지만 대부분의 구간에서는 속도 제한이 없다. 그럼에도 무질서 상태가 아닌 지극히 질서 정연한 주행 상태가 유지되고 있다. 거기에는 아우토반 안에서만 통용되는 룰이 있기 때문이다.

그 룰이란 '저속 차량은 하위 차선으로 고속 차량은 상위 차선으로 달린다'는 단순한 원칙이다. 만일 어떤 차가 1차선으로 달리고 있을 때 자기보다 빨리 달리는 차가 뒤에서 다가오면 2차선으로 내려가 그 차를 먼저 보낸다. 더 빨리 달리는 차에게 길을 양보하기 위해 하위 차선으로 내려서는 차에 대해서는 하위 차선 차들이 우선적으로 길을 양보한다. 만일 자기 차보다 빨리 달리는 차가 뒤에 왔는데도 길을 비키지 않으면 엄청난 압박을 공공연히 받는다. 반면 최하위 차선은 지정된 속도 이하로만 달리지 않으면 된다. 추월은 반드시 추월 차선을 이용해야 한다. 이런 이유로 아우토반은 차의 성능만 허락된다면 최대한의 속도를 유지하며 달릴 수 있는 것이다.

IMF 외환위기 전까지만 해도 우리나라의 임금제도는 연공서열이라는 이름의 추월금지 편도 일차선 도로였다. 덤프차나 경운기 같은 성능이 떨어지는 차가 앞을 가로 막고 있으면 그 뒤를 따라갈 수밖에 없었다. 차종이나 스피드에 관계없이 똑같은 속도를 낼 수밖에 없는 임금제도와 승진제도 아래에서는 개인의 성취욕을 자극하고 그 성과에 대해 적절히 보상할 방법이 없다. 그것은 기업의 목표를 이루는 데 장애로 작용하는 만큼 시급한 개선이 필요하다.

버스 운전사식 인력관리

앞서 '메기론'을 언급한 바 있지만 이를 다시 한 번 정리하면 다음과 같다.

'미꾸라지를 키우는 논 두 곳 중 한쪽에는 포식자인 메기를 함께 넣고 다른 한쪽은 미꾸라지만 놔둔다. 그러면 메기를 넣은 논의 미꾸라지들이 더 잘 자라는 것을 볼 수 있다. 메기에게 잡아 먹히지 않기 위해 더 많이 먹고 더 많이 운동하기 때문이다.'

이러한 메기론은 삼성 인력관리의 핵심이다. 이건희 회장은 취임 직후부터 이러한 원리를 조직에 적용할 것을 늘 강조하였고 '삼성 신경영' 추진 시 강의 때마다 늘 빼놓지 않고 언급하였다.

대부분의 회사들은 인력관리를 할 때 입구만을 관리할 뿐 출구는 관리하지 않는다. 여기서 입구는 입사 시스템을, 출구는 퇴사 시스템을 말한다. 어느 회사나 입사자 관리는 철저하다. 기상천외한 면접 방법을 만들어내기도 하고 인턴제를 통한 정식 직원제 등 수많은 시스템을 시행해본다. 하지만 출구 쪽은 대부분 정년퇴직과 구조조정이라는 시스템만을 가지고 있다. 그래서 인력을 인위적으로 조정해야만 할 경우 대부분의 기업은 대단한 곤욕을 치르게 된다. 하지만 삼성은 강력한 입구 시스템뿐만 아니라 열린 출구 제도 또한 가지고 있다.

이것은 앞서 언급한 대로 본인이 지금 조직 안에서 어떤 평가를 받고 있는지를 투명하게 공개함으로써 시작된다. 즉 철저하고 투명한 인사관리로 개인이 자연스럽게 자신의 거취를 결정하게 하는, 이른바 '보이지 않는 손에 의해 작동된 인사관리 제도'가 출구관리 제도이다. 물론 이것이 완벽하고 좋은 제도라고 말하고 싶은 것은 아니다. 하지만 이러한 열린 출구 제도가 인위적인 인적 조정만을 염두에 둔 제도는 아니라는 점은 강조하고 싶다.

열린 출구 제도는 삼성 인사제도의 중요한 요소로서 입구를 통과한 구성원들의 의욕과 경쟁심을 고취하는 수단으로 사용된다. 구성원들은 자신의 현재 위치가 어디에 있는지, 가령 출구에 가까이 있는지 아닌지를 시스템을 통해 쉽게 알 수 있다. 그 때문에 성과를 위해 어떻게 더 분발을 해야 하는지, 어떤 성과를 내야 하는지 분명한 목표를 상정할 수 있다. 물론 이런 환경은 자칫 부정적으로 작용할 수도 있다. 출구를 두려워하여 업무에 임한다는 것은 바람직하지 않기 때문이다. 하지만 오히려 그 반대로 자신이 얼마나 강력한 성과를 내었고 승진에 임박했는지 살펴보는 쪽으로 기능할 수도 있다. 어떤 기능을 하든 간에 이러한 열린 출구는 비록 출구로 나아가게 되더라도 그 이유에 대해 구성원들이 납득할 수 있는 합리성을 부여한다. 그런 점에서 삼성의 열린 출구 제도는 다른 회사들의 인력관리와 차별화되는 점이라 할 수 있다.

《삼성 인재사관학교》라는 책을 펴낸 신현만 대표는 이러한 제도를 버스 운전사로 비유했다. 버스에 일정한 인원을 태운 후 다시 사람을 태우기 위해서는 탈 만큼 내려야 한다. 예를 들어 일년에 5천 명을 뽑으면 최소한 몇 년 안에 4천 명은 나가야 하는 것이다. 5천 명씩 10년이면 5만 명, 1만 명씩 10년이면 10만 명의 인원이 늘어나게 된다. 그 많은 사람을 무슨 수로 기업이 함께 데리고 갈 수 있단 말인가? 답은 그만큼 내보내는 데 있다.

내보내는 것은 중요한 일이다. 흐르지 않고 고인 물은 썩기 마련이다. 기업도 마찬가지다. 내보내는 만큼 신규사원이나 핵심인재를 받아들일 수 있게 되어 조직이 활력을 찾고 발전하게 된다. 문제는 출구다. 삼성은 그 출구를 열어놓고 구성원이 납득할 수 있는 시스템을 구축함으로써 이를 자연스럽게 해결하고 있다.

출구에 선 사람은 꼭 능력이 없어서 나가는 것만은 아니다. 입구에서부터 골라 뽑았는데 능력이 없다는 것은 말이 안 된다. 다만 치열한 경쟁 시스템에 적응하지 못했거나, 더 나은 자리에 스카우트되었거나, 스스로 다른 선택을 해 나가는 것이다. 이런 과정을 통해 삼성이라는 버스는 다시 새로운 사람을 싣고 달리고 있다.

짐 콜린스는 《좋은 기업을 넘어 위대한 기업으로》에서 이 같이 말했다.

"대부분의 회사들은 버스에 잘못 태운 소수의 부적합한 사람들을 관리하기 위해 관료제적 규칙을 더 만든다. 그러나 그것은 버스에 탄 적합한 사람들을 몰아낼 뿐이다. 그 결과 부적합한 사람들의 비율은 늘고 적합한 사람들은 더 빠져나가는 악순환의 과정을 밟게 된다."

이런 언급에 비추어 볼 때 삼성은 적합한 출구를 가지고 있는 셈이다. 많은 기업들이 제대로 된 출구 전략을 가지고 있지 못해 구조조정 때마다 애를 먹는다. 대부분의 구성원들이 불안에 떨게 되고, 이것은 조직과 회사를 신뢰하지 못하게 만드는 근본 원인이 된다. 그리고 구조조정이 끝난 후에 기업들은 바닥에 떨어진 직원들의 사기를 올리기 위해 난리를 떤다. 그러나 이런 일을 겪을 때마다 기업에 대한 충성도는 점점 떨어져 나가기 마련이다. 그런 면에서 삼성의 출구 전략은 시사하는 바가 크다.

장기가 아닌 바둑식 조직관리

요즘 대부분의 기업들은 새로운 직급 체계를 구축했거나 구축하고 있다. 서열식 직급에 따른 결제체계가 아니라 성과중심의 결제체계를 갖추어 업무의 효율을 높이기 위해서다. IMF 외환위기라는 사상 유례없는 경제 불황기를 맞아 빅딜(Big Deal) 등 사업 구조조정과 이에 따른 고용 조정이 한바탕 사회를 휩쓴 후 '하드웨어' 개혁만으로는 기업의 체질을 강화할 수 없다고 판단, 변화된 조직구조에 맞도록 연공서열 중심에서 성과에 따른 직급운영체계로 정비하고 있는 것이다.

과거 우리 기업들은 연공서열 중심의 직급체계, 즉 직급이 상승되어야 급여가 인상되고 권한을 부여 받는 방식이어서 구성원들이 승진에 과도하게 집착할 수밖에 없었다. 삼성 역시 과거에는 관료주의적 조직 풍토였고, 제도 또한 완벽한 관리 중심 제도였다. 품의서 같은 중요한 결재서류는 20여 개의 도장을 받아야 했고 일반 서류도 도장 10개는 기본이었다. 때문에 결제를 받기 위해 하루를 허비하는 것은 일상적인 업무에 속했다. 게다가 조직의 구조나 운영도 그 자리에 누가 앉아있느냐에 따라 달라지는 경우가 다반사였다. 조직운영이 이렇게 이루어지자 업무의 효율이 지극히 낮을 수밖에 없었으며, 수많은 결제권자를 거치면서 본래 업무의 취지가 변색되는 경우도 있었다.

삼성은 이런 폐단을 개선하고자, 즉 사무생산성을 높이고자 1985년부터 경영혁신을 대대적으로 전 그룹에 확산시켜 갔다. 1989년에는 비서실 인사팀 주관으로 도요타 자동차, 소니, 아메바 조직으로 유명한 교세라 같은 회사에 인사 부서장들을 단체로 방문시켜 그들의 조직운영을 배워오게 했다.

이렇게 배워온 결과물들은 삼성경제연구소가 다시 연구하고 검토하여 삼성식 제도로 변환시켰다. 심지어는 10년 후의 인력구조나 임원비율 등을 사전에 예측하고자 시뮬레이션 하기도 하였다. 이를 바탕으로 1990년대 초부터 인사·조직 부분에 변화와 혁신을 추진하기 시작했다. 국내에서는 최초로 조직과 직급의 파괴를 과감히 추진하여 인력구조에 변화를 준 것이다. 요즘 식으로 말하면 이른바 인사파괴(人事破壞)를 실시한 셈이다. 이러한 인사파괴 현상은 1993년 '삼성 신경영'을 추진하면서 가속화되었고 IMF 외환위기를 기점으로 하여 강화되었다

삼성의 직급파괴 현상은 능력중심의 신계층 구조로의 전환을 의미한다. 업적 및 능력주의 인사제도로 전환하는 계기를 마련한 것이다. 이러한 변화를 통해 삼성은 연공서열의 연결고리를 단절하고 성과주의 인사의 걸림돌을 제거할 수 있었다. 또 이를 통해 인력의 재배치가 용이해져 업무 중심적인 의사소통을 강화할 수 있었다. 회사의 조직이 사람 중심이 아닌 업무 중심 형태로 변환된 것이다. 그리고 이것은 이를 뒷받침할 수 있는 업무 시스템들이 효율적으로 개발되어 왔음을 의미한다.

이것을 삼성에서는 장기가 아닌 바둑식 운영이라고 한다. 삼성은 조직의 관리에 있어 구성원들을 이미 임무가 정해져 변할 수 없는 장기의 말이 아니라 바둑알로 관리한다. 바둑알은 이미 역할이 정해져 있는 장기의 말과는 달리 모두 평등하다. 하지만 때로는 바둑 한 알이 다 죽어간 집을 되살리기도 한다. 삼성은 이를 조직이 살아남는 비결로 보았다. 직급이나 계급이 중요한 것이 아니라 역할과 성과를 얼마나 낼 수 있느냐에 따라 조직의 성패가 달라진다고 판단한 것이다.

| 인사파괴 주요내용 |

구분	주요내용
직급서열의 파괴	연공서열 및 정상적인 직급에 따른 승진 절차를 무시하고 직급을 초월한 발탁 인사
급여체계의 파괴	개인의 시장가치, 성과, 공헌도에 따라 차별화된 연봉 및 인센티브를 지급하고 동료 간의 급여차 확대 및 부하와 상사 간 급여역전 현상 속출
호칭의 파괴	직급은 두되 호칭을 제거함으로써 위계적인 조직 분위기를 해소함. 즉 직급 호칭 대신 사원이든 이사든 서로 이름에 '님'자만 붙여서 호칭하게 함
직급단계의 파괴	조직 내의 역할 단계에 따라 직급을 9단계에서 4단계로 축소하며 임원계층도 상무, 전무, 부사장, 사장으로 축소

Smart Idea! 바둑과 장기의 패러다임

장기는 말 하나하나마다 크기와 역할(Role)이 정해져 있다. 정해진 말은 일정한 법칙과 룰에 의해서만 움직인다. 졸(卒)들은 후퇴할 수 없고 사(士)들은 궁을 벗어날 수 없다. 이는 기업 조직에 있어 직책과 같다. 기업에서는 임원과 사원 모두가 '장기의 말'이라 할 수 있다. 장기에서 가장 큰 규칙은 임금(宮)을 온전하게 보존하고 상대방 임금을 쓰러뜨리는 것이다. 졸(卒), 마(馬) 상(象) 포(包) 등은 보디가드처럼 온몸을 던져 임금을 향해 쏟아지는 창과 화살을 막아낸다. 그런 다음 적의 임금(宮)을 향해 공격한다. 부하들이 다 살아 있어도 임금(宮)이 죽으면 모든 게 끝이다. 거꾸로 부하들이 다 죽어도 최후에 임금이 살아 있으면 승리한다.

그러나 바둑은 패러다임이 완전히 다르다. 바둑은 멀쩡했던 말들이 어느새 죽기도 하고 다 죽었던 말들이 한 순간에 기적처럼 살아나기도 한다. 바둑알은 그저 '검은 돌 또는 흰 돌'일 뿐이다. 그런데도 바둑판 위에서 이들은 천만 조화를 다 일으킨다. 흰 돌, 검은 돌로 나누어진 바둑알은 컴퓨터 언어인 '0과 1'과 비슷하다. 그저 부호일 뿐이다. 그러나 부호에 불과한 바둑알은 놓여지는 위치와 상대 바둑알의 관계에 의해서만 역할이 정해진다.

컴퓨터는 0과 1로 나타내지 못하는 것이 없다. 바둑에서도 이 두 가지 색의 돌만 있으면 수천만 가지의 '전투 상황'을 조합해낼 수 있다. 그러다 보니 바둑에서는 장기와는 달리 어떤 바둑알이든 하는 일이 똑같다. 직책도 평등하다. 바둑알은 우선 자신부터 살아야 한다. 그러나 혼자서 산다는 건 불가능하다. 반드시 다른 바둑알과 끊어지지 않고 연대해야 한다. 서로 손에 손을 맞잡고 '생존 띠'를 만들어야 하는 것이다. 바둑판에선 싸움터가 따로 없다. 바둑알이 놓여지는 곳. 그곳이 바로 싸움터다. 그리고 그 땅이 어느 곳이 되었든 싸워 이겨 '두 집'이 나면 바로 그곳이 자기 땅이 된다.

삼성식 목표관리와 평가제도

삼성식의 철저한 목표관리 제도

신경영 이후 삼성 인사제도는 IMF 외환위기를 기점으로 급격히 변화했다. IMF 외환위기 이전에는 능력주의를 기본으로 하고 성과주의가 일부 가미된 방식이었다. 그러나 IMF 외환위기 이후에는 성과주의가 중심에 서고 있다. 여기에는 성과가 능력을 증명한다는 생각이 깔려 있다. 지금 삼성에는 성과주의 중심의 목표관리 제도와 평가 제도가 도입되어, 이 결과를 바탕으로 임금 및 보상이 결정되고 있다. 여기에 목표를 이루기 위한 인력운영과 해당 목표를 더 잘 수행하기 위한 인재육성제도가 합쳐지면서 삼성의 인사 정책의 큰 틀인 '성과주의 인사관리의 프로세스'가 완성되었다.

삼성의 목표관리 제도는 우리나라 기업 중에서는 가장 앞선 제도라 할 수 있다. 삼성에는 조직의 목표관리를 전담으로 하는 기획부서와 관리부서가 따로 정해져 있다. 삼성 인사관리의 시발점은 목표관리이며 인사관리의 핵심 역시 목표관리이기 때문에 목표관리 없는 인사란 생각할 수 없다. 목표관리가 되지 않는데 성과는 어떻게 평가할 것이며 평가가 없는데 인사관리는 어떻게 하겠는가?

금전보상 이외의 다른 비금전적 보상도 평가에 의한 것이기에 이 역시 목표관리와 연결된다. 제대로 된 평가는 목표가 명확할 때 가능하다. 목표관리가 없는 연봉제는 엄밀하게 말해 연봉제가 아니다. 기분대로 나누어 주는 '금일봉제'라고나 할까? 목표관리와 평가의 목적은 연봉을 지급하기 위한 수단만은 아니다. 목표관리의 평가와 목적 중 가장 중요한 것은 목표관리 프로세스를 통해 회사가 지향하는 목표를 명확하게 이해하고 조직과 유기적으로 협력토록 하는 것이다.

삼성의 목표관리 평가제도는 확실히 체계적이고 정교하다. 우선 그룹 전체의 목표가 결정되면 각 사별로 연말까지 경영목표가 정해진다. 이 목표는 다시 각 조직에 부여되고 최종적으로는 각 구성원 모두에게 분배된다. 이 과정을 거쳐 구성원 모두가 공유하는 목표가 만들어진다. 이렇게 만들어진 목표는 그룹 전체가 지향하는 목표, 각 사별로 설정한 경영목표와 부합되는 목표가 된다.

| 조직별 목표수립 전략 맵 |

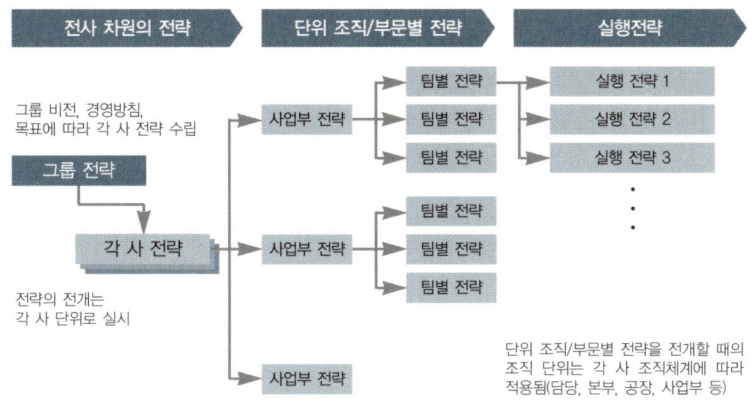

삼성의 목표관리와 평가 과정은 매출이나 이익 같은 양적 단기 성과만을 평가하지는 않는다. 균형된 평가방식인 BSC(Balanced Score Card)와 성과지표인 KPI(Key Process Indicator) 등도 평가방식에 도입되어 있다.

삼성은 이렇게 목표를 설정하고 평가시스템이 갖추어진 상태에서 회사평가, 조직평가, 개인평가를 하고 있다.

목표가 설정되는 방식은 이렇다. 먼저 그룹의 목표와 전략이 정해지면 그에 맞게 각 회사가 11월 정도에 목표를 설정하고 이것을 부서별로 나눈다. 각 부서에서는 이것을 세분화하여 개인 목표를 만든다. 이때 상사는 개인의 목표를 반드시 본인과 합의하여 결정하여야 한다. 이른바 위에서부터 밑까지 합의되어 연결되는 캐스케이딩(Cascading)이 철저하게 지켜져야 하는 것이다. 이러한 방법을 통해 설정된 그룹의 목표는 그룹 안에 있는 20만 명에게 이루어야 할 명확한 의미로 뿌려지게 된다. 예를 들어 금년 그룹의 경영목표 중 하나가 '고객만족'이라고 한다면 이는 각 사 사장의 경영방침에 반영되고 본부, 사업부, 팀장의 목표에 반영되며 결국 현장 직원들까지 KPI가 정해져 하나의 폭포수처럼 연결되는 것이다. 이렇게 연결된 목표는 철저하게 관리되어 평가된다. 이런 정도까지는 대부분의 기업에서도 할 수 있는 일이라 반문할 수도 있다. 하지만 관리를 통해 이를 성과로 연결시키는 부분에 있어서는 삼성만큼 철두철미한 곳이 없다.

앞서 필자는 시스템을 통해 자신이 삼성에서 몇 등을 하는지 알 수 있다고 했다. 이것이 가능한 이유는 평가 기준이 바로 이런 프로세스로 철저하고 객관적인 지표로 결정되기 때문이다. 그렇기 때문에 어떤 평가를 받더라도 구성원 자신은 수긍할 수밖에 없다.

평가에 대한 결과를 개인들이 열람할 수 있다는 조직운영의 투명성은 삼성의 자랑이자 인사 시스템의 가치를 높이는 계기가 되었다. 대부분의 회사들은 회계연도가 다 끝나는 연말에 결제권자의 감에 의해 평가되고 인사부서에 통보하는 형식으로 인사가 이루어진다. 하지만 그것은 회사의 일방적인 평가일 뿐이다. 해당 평가가 인사에 반영은 될지는 몰라도 그 당사자는 일년 동안 업무를 수행하는 내내 무엇이 잘 되었고 무엇이 모자랐는지 알 길이 없다. 즉 이러한 평가방식은 단방향이라 평가의 진정한 의미를 달성할 수 없다. 삼성 역시 20년 전에는 평가 결과를 개인에게 공개하는 것에 대해 논란이 많았다. 고과를 공개하면 평가에 불만을 품은 부하사원들이 화염병 들고 상사 집으로 쳐들어갈지도 모른다는 우스갯소리까지 있었다. 하지만 상대가 충분히 납득할 만한 평가기준과 시스템이 구비되면서 그런 걱정은 기우로 끝나게 되었다.

삼성의 40여 개 계열사 역시 목표에 대한 평가를 피해나갈 수 없다. 계열사의 경영실적을 평가해 A~C등급을 매기고, 이에 따라 해당 계열사는 '생산성 격려금(PI, Productivity Incentive)'이라 불리는 성과급을 차등 지급 받는다. A등급을 받은 회사는 기준율보다 10~50%를 더 가산해주고 C등급의 회사는 상대적으로 10~50%가 깎인다.

삼성에서는 누가, 어떻게 평가를 하는가

필자가 모 기관의 컨설팅을 할 때의 일이다. 이 기관의 평가제도를 보니 현장 직원에 대한 평가에 있어, 사장이 평가권을 40%나 가지고 있었다. 사장이 현장 직원이 무슨 일을 하는지, 얼마나 열심히 일하는지, 심지어는 이름이 무엇인지 제대로 알 수 있을까? 그런데도 CEO가 이렇게 현장 직원에 대한 평가 권한을 가지고 있다는 것은 무슨 뜻일까? 사

| 삼성의 인사고과 평가방법 |

단계	기관	내용
자기 평가	피고과자	• 업적고과 : 업무목표 및 실적 기술/자기 평가 등급 기재(해당 기간의 주요 업적 및 미진 사항 기술) • 역량 고과 : 고과 항목별 자기 평가 등급 기재
평가 및 고과 결정	1차 고과자	• 피고과자와의 고과 면담 기재 • 고과자 의견 기술 및 등급 기재
고과 확정	2차 고과자	• 등급 기재 시 1차 고과자와 의견이 다를 경우 업적고과는 1차 고과자와 협의해 등급 결정 – 역량 고과는 1차 고과자의 의견 참조해 등급 결정

고과 공개	사업부 지원팀	• 2차 고과 단위 별로 고과 결과 취합
		  – 직급별 배분율 조정 및 고과 확정 3차 상급자 최종 결정
		  – 고과 결과를 본부 지원부서(본사 인사 부서)에 통보

	인사부서	• 고과 결정 공개 • 기록 정리 보완
고과 반영	인사부서	• 인사 반영(승진, 승급, 전배, 교육 등)

장이 잘했다는데 아무리 중간관리자가 평가권을 60%나 갖고 있다고 한들 못했다고 평가할 수도 없는 노릇 아닌가?

이 기관은 사장에게 잘 보일 수밖에 없는 구조였다. 그러다 보니 중간 관리자는 힘이 없고 사장의 입만 바라보는 사람이 되어버렸다. 이것은 아무리 미화를 시켜도 프로세스에 의한 평가라고는 할 수 없다.

삼성의 평가시스템은 현장 책임자가 모든 권한을 책임지고 행사할 수 있도록 설계되어 있다. 그 중에서 1차 평가자인 팀장은 거의 전결권을 쥐고 있다 해도 과언이 아니다. 2차 평가자나 대표이사는 단지 조정권만을 행사한다. 그리고 이러한 현장에 대한 권한의 대폭 이양은 팀장들이 리더십을 발휘할 수 있는 발판이 되고 있다.

개인 인사고과는 흔히 성과관리라고 한다. 여기서 성과를 양적 목표를 중심으로 굳이 나누면 업적(Result)과 역량(Competency)으로 구분된다. 과거의 능력이 역량으로 구분되어 업적과 합쳐져서 성과로 관리되는 것이다. 성과관리는 전체적인 틀은 같지만 구성 내용이나 평가 방식은 과거와 달리 계열사별로 다르기 때문에 정확히 말할 수는 없다.

역량이란 과거의 잠재적 능력과 달리 성과를 낼 수 있는 태도나 의식이 포함되는 개념이다. 이러한 역량은 공통역량, 리더십 역량, 그리고 전문역량으로 구분하는데 공통역량은 핵심가치를 중심으로 한 가치관이나 공유 자세 및 태도 등을 말하며, 이 안에 리더십을 포함시킨다. 전문

역량 평가는 부서별로 다르게 항목을 설정하는데 전문역량이 높다 하더라도 공통역량이나 리더십역량에서 협조성이나 팀워크가 떨어지면 좋은 평가를 받지 못한다.

예를 들어 토익 980점을 받는 등 뛰어난 어학 능력을 지녔다 하더라도 실제 업무를 할 때 자기 일에 열성을 가지고 임하지 않거나 팀워크가 부족하거나 동료에게 협조하는 성향이 없으면 성과가 나지 않을 수 있으므로 좋은 평가를 받을 수 없다.

| 삼성전자의 업무 평가 기준 |

구분	업적고과	역량고과
평가 내용	당해 년도 업무 성과	개인이 보유한 핵심 역량
평가 항목	부서 목표와 연계된 개인 업적 달성도	업적 달성과 연계된 개인 역량
평가자	1차 평가자는 팀장 2차 평가자는 조정권만 행사	1차 평가자는 팀장 2차 평가자는 조정권만 행사
평가 주기	연 2회	연 1회
비고	본인과 합의	자기신고

(파격적인 보상제도와
인센티브 제도)

평가결과의 다양한 활용

삼성은 목표관리와 평가결과를 합쳐 연봉과 인센티브에 적용한다. 뿐만 아니라 부서 평가의 결과도 철저히 보상과 연결시킨다. 예를 들어 기존의 정규분포 곡선에 의해 A고과 배분이 10%라고 할 때, '가' 부서가 부서 평가 결과 A를 받으면 '가' 부서 구성원 중 A등급 평가를 줄 수 있는 대상자 비율을 15%로 늘려준다. 회사 평가도 A, B, C로 매기는데 A와 C의 차이는 엄청나다. 예를 들어 개인이 A를 받았다 하더라도 이는 최종적으로 A를 받는 것이 아니다. 조직이 C면 비록 개인이 A를 받았다 하더라도 최종적으로는 B'밖에 안 되는 것이다.

결국 개인의 업적과 조직의 업적이 합해져서 시뮬레이션에 의해 결정된다. 개인뿐만이 아니라 개인이 속한 조직의 평가 역시 개인의 평가와 유기적으로 연결되어 있다는 것이다. 예를 들어 삼성생명이 회사 평가에서 A를 받았다고 하자. 그런데 삼성생명의 세 개 본부는 본부 평가에서 각각 A, B, C을 받았다. 각 본부의 평가는 회사가 A를 받았기 때문에 그 영향을 받는다. 본부별로 '가'는 250%, '나'는 200%, '다'는 150%로 조정된다. 각 본부에는 여러 팀이 있다. 이 팀들 역시 회사의 평가와 본부의 평가에 영향을 받는다. 이러한 영향은 최종적으로 각 개인들에게까지 미친다. 이 결과에 의해 개인의 평가나 보상 수준이 결정된다.

금전보상은 개인 업적 평가, 개인 역량 평가, 조직 평가가 연동되어 나타나기 때문에 각자에게 지급되는 인센티브는 모두 동일하지 않다. 모든 것이 종합적으로 연결, 종합고과가 되어 연봉 등에 영향을 미치는 것이다.

서구식 보상과 비누적식 연봉제도

삼성은 오랫동안 호봉제도에 의한 단순 월급제를 유지했다. 여기에 상여만 조직과 개인에 따라 차등하는 형태였다. 호봉제가 연봉제로 변경되고 인센티브가 강화된 시점은 신경영을 시작하면서부터다. 삼성의 보상시스템은 인사원칙에서 예를 들었듯이 철저하게 성과나 역량에 차이를 두는 아우토반 식이다. 삼성의 연봉체계는 회사에 따라 다르지만 기본 연봉은 전체 임금의 50~60%밖에 되지 않는다. 그 이유는 성과와 연동된 업적의 평가에 따라 연봉이나 인센티브의 폭이 워낙 크기 때문이다.

| 연봉과 인센티브 구성 |

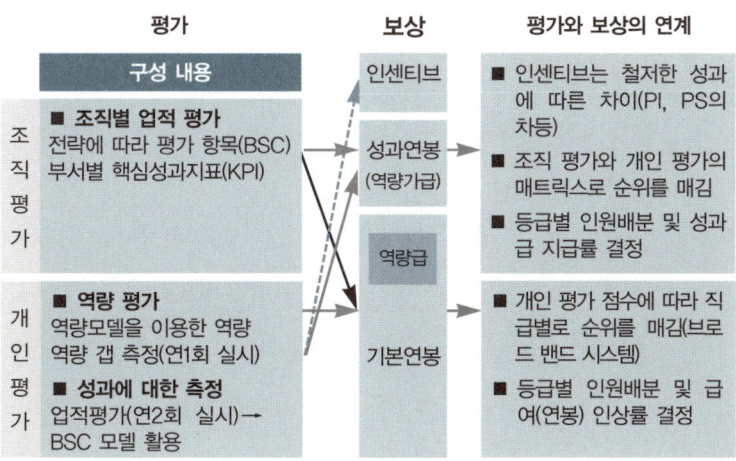

4장 삼성의 신인사제도 무엇이 다른가? | 155

연봉제 설계방식에는 전년도 연봉을 무시하고 프로야구선수처럼 새로 결정하는 비누적식(非累積式) 연봉제와 전년도 연봉보다는 떨어지지 않는 누적식 연봉제가 있다. 100% 비누적식으로 되어 있는 회사는 대한민국에 거의 없다고 보면 된다. 연봉 구성은 업적고과가 기본이 되고 여기에 역량을 감안한다. 회사에 따라 업적만 반영하는 곳도 있다. 삼성은 과거에는 승진을 해야 급여가 올라갔으나 지금은 호봉에 의한 테이블 방식이 아니라 직급별 호봉을 완전히 무시한 브로드밴드(Broadband) 형식으로 되어 있다. 이에 따라 비록 대리일지라도 능력과 성과가 특출하다면 업적과 능력이 낮은 과장보다 더 많이 받을 수 있다.

파격적이고 다양한 인센티브 제도

인센티브 제도는 예전부터 다양하게 운영되어 왔다. 이 중 특별상여는 삼성 그룹 전체의 성과가 좋았을 때 받는 제도다. 2005년에는 전 직원이 500%를 받은 바 있다.

PI(Productivity Incentive)라는 성과 인센티브는 각 사에 따라 다양한 형태로 운영되고 있는데 큰 틀은 그룹 공통으로 적용되고 있다. 그러나 같은 회사라도 실적에 따라 천차만별이다. PI는 회사 평가와 부서 평가를 합쳐 300%의 인센티브를 지급하고, 적자 부서는 아예 지급되지 않는다. 회사평가와 부서평가에 따라 달라지기 때문에 얼마만큼의 성과금을 받을 수 있는지 개인은 알 수가 없다.

이익을 분배하는 방식인 PS(Profit Sharing)는 자기 연봉의 최대 50%까지 받을 수 있는데 이런 회사는 많지 않다. 삼성전자의 임원들의 경우 5천 ~1억 5천만 원을 한꺼번에 받는 것으로 알려져 있다.

인센티브 제도 중 핵심인재 인센티브는 삼성의 가장 큰 강점 중 하나다. 핵심인재는 뽑는 데 성공했더라도 유지하기가 힘들다. 필자가 삼성에 있을 때 2년 동안 석·박사급 50명을 뽑았는데 5년 후 돌아가 봤더니 3명만이 남아 있을 정도다. 삼성은 핵심인재 인센티브 제도를 적절히 운영하여 핵심 우수인재들을 효과적으로 관리하고 있다.

스톡옵션제는 여러 가지 폐단이 있어 2005년에 폐지되었고 롱텀(Long-Term) 인센티브로 변경되었다.

| 집단 인센티브 유형별 운영 비교 |

	특별 상여	이익 분배	성과 인센티브	핵심인재 인센티브
업종	전 업종	전 업종	전 업종	전 업종
적용 단위	전사	전사/사업부	사업부/팀	전사
성과지표	부가가치, 순매출액, 생산성	EVA, ROE, ROI 등	목표 대비 달성도	능력과 성과
지급시기	분기/반기	년	반기	수시
지급 형태	0~500%	연봉의 0~50%	0~300%	현금 등 다양

삼성은 연봉제와 함께 직원들의 개인생활 안정을 위해 각종 복리 후생에도 심혈을 기울이고 있다. 독신자를 위해 별도의 생활관을 운영하거나 임대 아파트를 제공하고 있으며, 지방 근무자를 위해 사택을 지원하기도 한다. 또한 기혼 근무자에게는 주택 구입 및 전세자금 지원 등을 통하여 직원의 생활환경이나 경제 형편에 맞는 주거 환경을 제공해주려 노력하고 있다.

또한 각 계열사별, 회사별 장학제도와 교육 시스템을 통해 자녀의 학비 전액을 지원하고 있으며, 직원 스스로도 양질의 교육을 받을 수 있도록 기회를 주고 있다. 게다가 직원들의 각종 문화생활이나 여가생활을 위한 비용 및 시설 또한 적극 지원하고 있다. 회사 차원의 다양한 문화 교양 프로그램이 마련되어 있는 것은 물론이고 휴양소와 스포츠 레저 활동에 대한 지원이 이루어지는 것이다.

이 밖에 직원의 질병 치료 및 건강 유지를 위해 정기적으로 건강 진단을 실시하고, 질병에 걸렸을 때는 의료비는 물론 의료서비스까지 지원하고 있다. 직원뿐 아니라 배우자의 의료비에까지 혜택을 넓힌 것도 삼성 복리 후생 제도의 특징이다.

스피드 경영을 위한 인사파괴

한국은 지금 간부공화국

IMF 외환위기 이후 기업은 물론 직장인들은 이전과는 전혀 다른 기업 문화를 만나고 있다. 특히 샐러리맨들은 전문성이 없거나 성과를 내지 못하면 중도 하차해야 하는 이른바 '평균적 샐러리맨의 종말' 시대를 맞고 있다.

미국은 불황이 극에 달했던 1980년대 산업인구의 10%가 중간관리자급 인 매니저들이었다. 반면 그 당시 일본의 중간관리자는 4.4%, 독일은 3%, 스웨덴은 2.4%였다. 상황이 이러니 불황상태에 있는 미국의 대규 모 인원삭감 대상이 매니저들에게 집중된 것은 당연한 결과다.

우리나라 역시 IMF 외환위기 이후 마찬가지 상황에 처하게 되었다. 중간관리자들은 IMF 외환위기로 불어 닥친 기업 구조조정 때 성과나 능력보다는 나이가 많거나 오래 근무했다는 이유로 구조조정의 대상에 올랐었다.

자질과 능력이 모자라거나 성과를 내지 못하는 사람이 조직에서 도태되는 것은 자연스러운 순리다. 문제는 IMF 외환위기 이후 대부분의 기업에서 인사적체 현상이 가속화되고 있고, 신입사원들을 거의 뽑지 않아 중간관리자와 임원 비율이 지속적으로 높아지고 있다는 데 있다. 게다가 정보기술(IT) 발전을 통한 인트라넷 등의 확산은 조직의 플래트화나 슬림화를 가져오기 때문에 기존 임원들의 '불용론, 무용론(不用論, 無用論)'은 더욱 거세어졌다. 중간관리자급 이상의 임원들이 조직의 기둥인 것은 사실이다. 하지만 이제는 언제 구조조정의 대상이 될지 모르는 불안한 위치에 있는 것 또한 현실이다.

지난 10년 사이 대기업은 물론이고 각종 금융기관, 심지어 공기업과 공무원에서도 초급 관리자 비율은 20%를 넘어 30%에 근접하여, 기업의 구조는 점점 항아리형이나 역피라미드 조직구조로 변해가고 있다. 가히 '간부공화국(幹部共和國)'이라 할 만하다. 문제는 중간관리자와 임원이 많아지면 기업의 의사결정이 느려지고 창의성이 떨어진다는 점이다. 환경 변화에 대응하는 능력 또한 떨어진다. 이러한 사태에 대해 기업도 충분히 대비를 해야 하지만 치열한 경쟁의 일선에 서 있는 중간관리자와 임원들 역시 변화를 넘어 진화를 모색해야 한다. 변화하는 환경에서 새로운 비전을 꿈꾸며 이를 추구하는 혁신의 주역으로서, 기업(企業) 속의 기업가(起業家)로서 필요한 지식과 역량을 학습하고 탁월한 리더십 스킬을 갖춘 지식 근로자로 진화하지 않으면 안 되는 것이다.

필자는 1990년대 초 삼성 비서실에 근무할 때 '중간관리자들의 경쟁력 강화방안'이라는 프로젝트를 수행한 적이 있다. 이 프로젝트를 시행한 이유는 당시 9% 대였던 중간관리자 비율이 몇 년 안에 15%까지 올라갈 것으로 예상되었기 때문이다. 당시 나온 결론은 조직의 플래트화였다. 이를 위해 팀제를 삼성 그룹 전체에 전면 실시하는 동시에 컴퓨터, 어학, 전문 자격증과 같은 자질이나 자격 향상 등 중간관리자들의 경쟁력을 강화하는 방안이 해결책으로 나왔다. 15년이 지난 지금 그때의 결론이 답이 될 수 없겠지만, 오늘날에도 중간관리자의 자질과 자격 향상은 도움이 될 만한 충고일 것이다.

| 세 가지 유형의 매니지먼트 비교 |

구분	Top down	Middle-up-down	Bottom-up
조직구조의 특성	큰 본사(피라미드조직) 대규모 본사 스텝	팀을 핵으로 한 조직 분사경영 체제	작은 본사 (플래트화 된 조직)
리더십	Top의 카리스마 리더십	촉매자로서 리더십	스폰서적인 리더십
축적되는 지식	형식지(刑式知)의 축적	형식지(刑式知)와 암묵지(庵默知)의 축적	암묵지의 축적 개인들에 의한 축적

삼성 역시 중간관리자 비율이 점차 높아짐에 따라 이에 따른 폐단을 없애고자 10여 년 전부터 자격과 직책을 철저히 분리·운영하고 있다. 다시 말하면 과장, 차장, 부장의 자격은 단지 호칭에 불과하고 그 호칭과 직위는 완전히 별도로 관리하는 것이다.

'승진'이란 상위자격에 해당하는 직책 또는 그에 준하는 자격을 부여하는 것이다. 직장인에게는 승진을 통하여 자기성장과 발전의 정도를 확인하려는 욕구가 있다. 회사 역시 승진이라는 수단을 통하여 자유경쟁을 촉진시키고 개인의 동기유발을 유도한다. 또한 승진을 통해 사회와 조직 내의 인정(認定) 욕구를 충족시키고 있다.

승진은 크게 '직위 승진'과 '자격 승진'으로 구분된다. '직위 승진'은 실제 담당하고 있는 업무내용의 향상을 수반한다. 팀장, 사업부장, 본부장과 같이 업무와 연계된 상위자격의 직책을 부여 받는 것이 이에 해당한다. '자격 승진'은 자리의 향상이 아닌 직급이나 자격 등 심볼의 향상을 의미한다. 대리, 과장, 차장 등이 포함된다. 일반적으로 우리가 승진했다고 하면 '자격 승진' 말하는 경우가 많으나 이는 엄밀하게 말해 승격을 의미한다. 승진자의 입장에서는 승진과 승격이 동시에 일어나는 것이 가장 바람직한 형태이지만, 최근에는 한정된 직위(post) 때문에 직무내용의 향상 없이 담당과장, 담당부장 등으로 승격만 이루어지는 현상이 증가하고 있다.

시대의 변화에 따라 중간관리자의 위상이나 비율이 변하면서 기업 역시 여기에 적응해야 할 때가 되었다. 이런 점에서 승진관리 기준이나 승진제도는 구성원의 경쟁과 동기 유발을 촉진시키고 인재를 효율적이고 체계적으로 육성하여 기업을 활기차게 한다는 점에서 매우 중요하다 하겠다.

삼성은 승진 문제의 전체적인 틀을 조직혁신과 연결하여 생각하고 있다. 중간관리자의 비율이 높아지고 인사적체가 심화된다는 것은 조직의 동맥경화 심화로 이어질 것이라는 예견 때문이다. 이는 앞에서 언급했듯이 중간관리자 비율에 따른 시뮬레이션까지 해볼 정도로 심각한 문제였다. 그러나 삼성은 승진의 개념을 자격과 직책으로 나누면서 이같은 문제를 해결했다.

다음 그림은 삼성이 1990년대 초에 추진한 조직혁신 전략이다.

| 조직혁신 추진전략(3S 전략) |

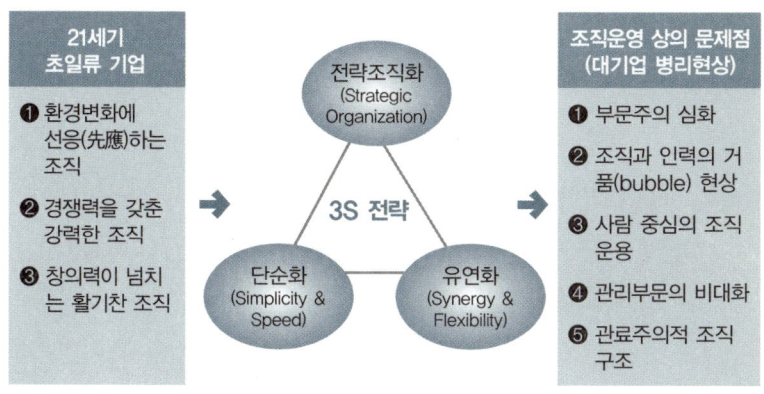

전 그룹사에 한국형 팀제 확산

조직혁신은 이제까지 관행처럼 여겨졌던 조직의 관성을 바꾸어야 하는 것이다. 그렇기에 삼성 또한 초기에는 많은 저항에 부딪쳤다. 조직혁신의 첫 사례는 팀제라고 할 수 있을 것이다. 팀제라는 이름이 갖는 특수성 때문에 삼성도 그룹 전반에 걸쳐 이를 사용하는 데 시간이 필요했다. 예를 들어 삼성물산의 경우 1985년도에 팀제를 본격적으로 도입하였으나, 삼성생명의 경우는 팀제 도입이 쉽지 않았다. 필자도 1995년도에 삼성생명으로 발령되어 팀제 도입을 추진하였으나 '금융회사에는 팀제가 절대로 맞지 않는다' 는 강력한 저항에 부딪쳐 팀제 도입을 미루어야 했다. 그러나 필자가 삼성자동차로 발령 받아 잠시 자리를 떠났다가 다시 삼성생명 임원으로 복귀했을 때는 삼성생명에도 팀제가 전사적으로 도입되어 있었다. 조직혁신에 따른 조직 변화가 거스를 수 없는 대세가 된 후였다.

 앞서 말했듯이 삼성의 경우 승진의 문제는 조직혁신의 큰 틀에서 이루어진다. 조직혁신은 사람 중심이 아닌 일 중심으로 업무의 성격이 변동되는 것을 의미한다. 삼성의 팀제 역시 이런 관점에서 바라보아야 한다. 팀장의 직급을 보면 그 변화를 알 수 있다. 과거 삼성의 팀제에서는 과장이 팀장이었다. 신경영이 시작된 1990년대 중반이 되면 부장급이 팀장의 주류를 이룬다. 조직혁신의 틀이 마련되고 성과 중심의 보수 체계가 확정된 IMF 외환위기 직전의 팀장은 대개 이사급이었다. 이것이 더 발전하여 지금은 전무급 또는 부사장급이 팀장을 맡는 경우가 많다. 단순히 사람에 따라 업무를 나눈 것이 아니라 업무에 따라 팀을 구성하는 것이 팀제인 만큼, 팀 단위의 신속한 의사결정과 빠른 시장 적응을 위해 팀장에 대한 지위와 권한 위임을 강화하기 시작한 것이다.

팀제라는 개념은 1950년대 독일에서 처음 나왔다. 이후 미국 제조업을 중심으로 '작은 조직을 어떻게 성과 높은 팀으로 바꿀 것인가' 라는 개념으로 강화되면서 팀제는 빛을 발하게 된다. 여기에 일본이 동참하였고, 1990년대 이후 미국에 기업의 생산성을 높이기 위한 팀제 열풍이 일어나자 팀제는 우리나라에도 영향을 미치게 되었다. 팀제가 가장 이상적인 미국식 '자율경영' 조직 운영방식으로 소개된 것이다.

국내의 팀제 도입 시기에 대해 필자는 크게 3단계로 구분하고 있다. 1단계는 1990년대 초 재벌들이 도입한 시기고, 2단계는 IMF 외환위기 이후 금융·제조업이 도입한 시기, 3단계는 2005년부터 정부와 공공기관이 도입한 시기다. 하지만 국내에 도입된 팀제는 지극히 한국적이라 할 수 있다. 한국적 팀제는 업무 중심적이기는 하지만 완전한 자율성을 지닌 조직체계는 아니다.

한국 기업의 CEO들은 업무가 효율적으로 이루어지기 위해서는 기업 내 다른 조직과의 협력이 중요하다고 생각한다. 협력을 통해 기업 내에 견제와 경쟁을 촉진하고 그 안에서 균형을 이루어야 조직력이 배가된다고 생각하는 것이다. 그런 면에서 한국 기업의 팀제는 완전한 자율성이 보장된 다른 나라의 팀제와는 사실상 많이 다르다. 즉 한국적 팀제는 업무 중심적이라는 대전제는 있지만 자율성과 권한을 어느 정도 행사하느냐에 따라 회사마다 다른 성격을 띤다. 팀제를 실행하는 회사의 조직구조나 운영방식에 따라 그것에 걸맞게 팀제가 포장되는 것이다. 하지만 팀제는 기업의 성과를 극대화하기 위한 목적으로 도입된 것인만큼 그 틀은 중요하지 않을 수도 있다. 다시 말해 팀제의 형식보다는 운영이 중요한 것이다.

삼성은 팀제를 도입함에 있어 팀과 팀장에게 자율성과 권한을 점진적으로 상향하고 강화시켜왔다. 그 결과 지금은 업무를 진행함에 있어 거의 전권을 주는 등 팀 중심의 업무 효율성이 극대화되고 있다. 반면 어떤 기업들은 외형만 팀제일 뿐 여전히 이전과 다를 바 없는 '무늬만 팀제'인 조직구성을 가지고 있다. 또 일부 기업에서는 팀제를 승진적체 해소와 감원의 수단으로 사용하기도 한다.

그러한 의미에서 본다면 20년 이상 팀제를 진화시켜 온 삼성은 한국의 기업 상황에 맞는 팀의 자율성과 권한으로 회사 내 조직들이 협력을 통해 시너지를 내는, 한국적 팀제를 선도적으로 이끈 경우라 할 수 있다. 삼성은 업무의 특성에 맞는 팀 운영을 지원하여 40여 개 계열사 모두 팀제를 운영하고 있지만 각 사마다 회사의 특성에 맞는 팀제를 다양하게 운영할 수 있는 여건을 마련하고 있다.

승진·승격 제도의 대수술

신경영 이후 삼성은 성과 위주로 구성원을 평가하면서 이를 인사에 반
영해왔다. 그러니 이전의 연공서열 방식에 비해 인사파괴가 더 많이 일
어나는 것은 당연한 일이다. 필자 역시 삼성에 근무할 때 필자보다 어
린 후배를 팀장으로 여러 번 모셔봤고, 상무로 재직할 당시에는 후배가
전무로 먼저 승진한 일도 있었다. 성과에 의해 움직이고 투명하게 공개
되는 인사이니 분발만을 기약할 뿐 그 점에 대해 불만을 가질 이유는
없었다.

과거에는 이러한 인사제도가 거의 통용되지 않았다. 하지만 우리 사회
도 많이 성숙하여 이제는 공공기관에까지 성과중심주의가 확산되고
있다. 예를 들어 2006년 7월부터는 성과중심주의의 일환으로 국장급
이상의 공직자는 고위 공무원단에 포함되어 일반 기업처럼 역량과 성
과에 따라 승진되고 연봉이 결정된다. 우리 사회에서 가장 변하기 힘들
고 철옹성같다는 공무원 조직조차 이렇게 변해가고 있으니 다른 조직
들의 변화는 어떠할지 알 수 있는 대목이다.

삼성은 중간관리자(과장, 부장)가 될 때는 성과 이외에 엄격한 심사를
거치는 '입학 방식'을 시행하고 있다. 다만 대리 이하는 일정한 점수만
되면 승급시켜주는 '졸업 방식'을 택하고 있다. 임원이 되고 주요 직책
으로 승진·승급하려면 성과와 더불어 이러한 엄격한 심사를 거쳐야 하

니 승진·승급시 모두가 공감하는 결과가 도출되는 것이다.

삼성은 또한 각 계열사마다 조금씩 다르기는 하지만, 업무의 영역이 다른 직군들을 묶어 함께 관리하는 직군별 인사관리 제도를 운영하고 있다. 이는 각 직군의 전문성을 인정하고 직군에 맞는 정교한 성과 평가를 위해 도입된 것으로 승직·승급의 경우에도 전문성이 강조됨으로써 해당 직군의 가장 우수한 인재가 대우받는 결과를 가져온다. 특히 삼성전자는 이 제도를 완벽하게 시행하고 있다. 직군별 인사관리 제도는 채용에서부터 배치, 보직 변경, 퇴사 조치 등 모든 인사 권한을 직군별로 시행하는 것이 골자인데, 직군은 대부분 사업부와 같기 때문에 인사 권한이 사업부에 있는 경우가 많다. 같은 회사 내에서라도 직군별 인사관리를 시행하는 경우 회사 인사팀은 해당 인사에 일절 관여하지 않는다. 그러나 보니 각 직군별로 차별화된 인사관리가 가능해졌다. 가령 영업부문은 도전의식에, 마케팅 부문은 국제화에, 지원 부문은 국제화에, 지원 부문은 문제해결 역량에 더 높은 가중치를 부여하는 인사를 할 수 있었다.

과거(11단계)		삼성전자						삼성생명								
		공통직(7단계)			연구개발(6단계)			보험영업(5단계)			투자영업(4단계)			특수직(3단계)		
직급	호칭	직급	호칭	체류년수	직급	호칭	체류년수	직급	호칭	체류년수	직급	호칭	체류년수	직급	호칭	체류년수
M3	부장	G7	부장	–	E6	수석	–	15	부장	–	F4	수석	–	P3	수석	
M2																
M1	차장	G6	차장	5	E5	책임	8	14	차장	6	F3	선임	9		선임	5
S3																
S2	과장	G5	과장	5	E4	선임	4	13	과장	6	F2	전임	5	P2	전임	5
S1																
J5	대리	G4	대리	4	E3	사원	4	12	대리	5	F1		4	P1		4
J4	주임	G3	사원	4	E2		3	11	사원	4						
J3	사원	G2	사원	3	E1		3									
J2		G1	사원	3												
J1	사원															

사무직 별도 공통 직급(A1, A2, A3) 설계

조직의 미래가 달린
임원 인사관리

임원 경쟁력의 시대

'임원의 경쟁력이 곧 그 회사의 경쟁력'이라는 말이 있다. 그동안 우리나라 기업들은 서구의 기업들과는 달리 임원을 비롯한 경영층에 대한 존재의미를 지배인 혹은 얼굴마담의 역할에 치중해온 게 사실이다. 그 일례로 경영에 가장 큰 영향력을 행사하는 임원들의 인사제도가 여러 직급 가운데서도 가장 미흡하거나 일부 대기업을 제외하고는 아예 존재하지도 않은 게 현실이다.

능력과 업적에 의한 평가나 연봉제 등의 인사제도는 무엇보다 임원의 인사제도에서부터 선행되어야 한다. 그러나 지금의 연봉제는 중간급 관리자나 사원들 중심으로만 이루어지고 있고 임원층은 그룹의 오너

| 삼성의 임원 인사관리 시스템 |

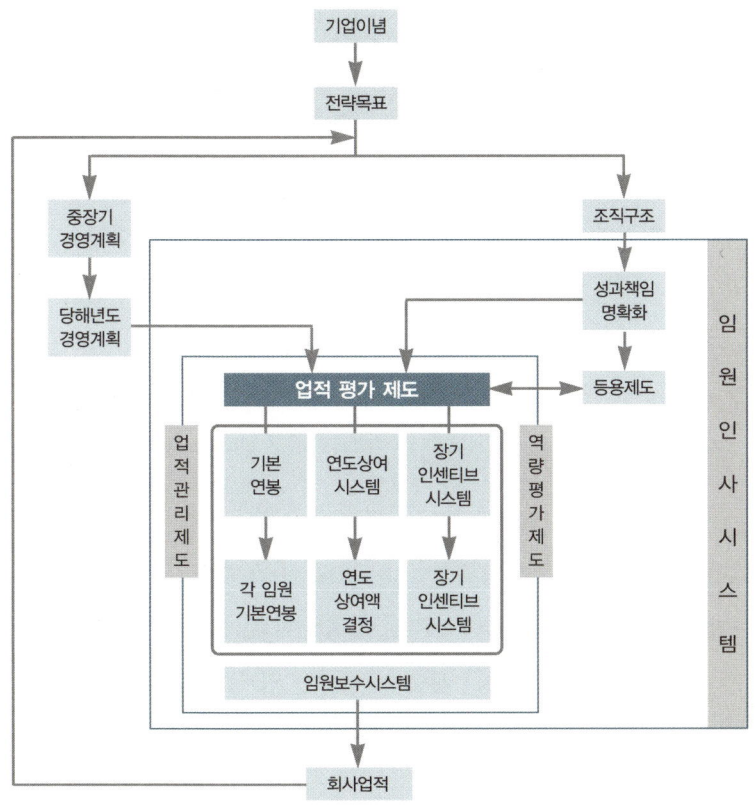

나 CEO의 경험적 판단에 의해 연봉이 결정되고 있다. 연봉제라기보다 '금일봉제'와 같다. 그 때문에 CEO를 포함한 임원들의 급여 수준, 평가 제도는 여전히 비공개 하의 불명확한 블랙박스 상태이다. 미국의 경우 경영 투명성은 다양한 법제에 의해 의무화되어 있다. 또 전문 분석가(Analyst)나 신용평가기관에 정보를 공개하지 않으면 주가에 영향을 미치기 때문에 임원의 보수를 정하기 위해 외부의 전문가를 포함한 보수위원회(Compensation Committee)까지 두는 경우도 있다.

정확한 임원의 평가나 보상제도는 기업의 선진화는 물론 경영투명성을 증대시키기 위해서라도 반드시 풀어야 할 과제다. 다행히 우리나라도 이사회 제도 개선 등의 요구가 계속되고 있고 머지않아 임원 보수 공개법안 등이 도입될 전망이어서 객관적이고도 믿을 수 있는 평가보상 기준이 마련되리라 예상된다.

우리나라에서 임원을 바라보는 시선이 좋지 않은 이유 중 하나는 일부 임원들의 평가가 아직도 충성심이나 인간적 관계로 이루어져 있다는 사실이다. 그러다 보니 임원으로서 결정해야 할 전략구상이나 의사결정이 20% 정도에도 미치지 못하고, 임원들 임무의 80% 이상이 조정, 협의, 검토, 체크라는 부장급 업무의 연장선상에 머물고 있다. 이 부분은 심히 우려할 만한 부분이다. 임원의 경쟁력이 약하면 결국 사업기회가 박탈되고 경영성과가 부실해지기 때문이다. 그러나 희망적인 것은 임원의 역할을 명확히 하기 위해 최근 '임원 경영계약서'를 작성하여 체계적으로 관리하는 기업들이 늘어나고 있다는 점이다.

평가와 보상 제도를 제대로 구축하기 위해 제일 먼저 선행되어야 할 것이 있다면 임원의 역할과 책임을 명확히 하는 것이다. 임원의 역할이 명확하다면 그 결과에 따른 책임 역시 투명해질 수 있다. 따라서 가능하면 기업의 목표를 명시하고 임원이 이 목표에 어떤 기여를 해야 하는지 명확히 하는 것이 중요하다. 그렇게 되면 목표 관리와 성과 관리를 동시에 할 수 있으므로 해당 임원의 평가가 더욱 뚜렷해지고 역량 평가까지도 가능해진다.

임원을 평가하는 이유가 단순히 단기적인 연봉이나 인센티브를 주기 위한 금전적인 것이라면 수행한 업적을 평가하는 것만으로도 충분하다. 그러나 임원의 평가는 장기적 관점에서 후계자 육성을 위한 승진·승격과 같은 미래 계획(Succession Plan)과 연계되어야 한다. 때문에 앞에서 언급한 역량 평가까지도 가능한 한 함께 시행하는 것이 바람직하다.

누가 삼성에서 승진하고 CEO가 되는가?

2006년 1월, 삼성은 최고경영자 후보 격인 부사장·전무 승진자 95명을 포함하여 창사 이래 최대 규모인 총 455명에 대한 임원 승진인사를 단행했다. 이 인사에서 직급별 승진자는 부사장 26명, 전무 69명, 상무 124

명, 상무보 236명 등이다. 삼성은 이 인사조치에 대해 이렇게 평가했다.

"이번 인사 규모는 2005년 448명보다 7명이 많은 것으로 2005년 거둔 사상 최대 경영실적에 대한 보상의 의미다. 이번 승진자 중 조기 승진한 발탁인사의 경우는 82명으로 근무기간과 연공서열보다 실적과 능력이 인사의 가장 중요한 기준임을 분명히 했다. 특히 전무 승진자 중 50%에 가까운 34명이 발탁인사로 승진한 것으로 집계됐다. 또 신규 임원(상무보) 수를 삼성전자 등 경영실적이 좋은 계열사를 중심으로 작년 대비 11명 늘렸다. 이번 삼성 인사에서 40대 임원 비율은 60%(963명)에서 68%(963명)으로 늘어났으며 임원 평균연령도 48.3세에서 47.5세로 대폭 젊어졌다. 연구개발(R&D)을 포함한 기술직 승진자도 186명으로 총 승진자의 40.9%를 차지했고 신규임원 중에서는 103명으로 43.6%를 차지해 최근 이어지고 있는 기술직 승진자 확대 추세를 이어갔다. 해외부문 승진자는 총 94명에 달했다. 외국인 사원 중에서는 미국 현지법인 메모리 마케팅·영업 책임자인 토머스 퀸(Tomas Quean)이 정규 임원으로 선임돼 4년 연속 외국인 임원이 배출됐다."

또한 삼성전자의 발표에 의하면 2006년 11월 기준으로 상무보 이상 임원은 전 임직원 8만 2천 명의 1%도 안 되지만 721명으로 우리나라 기업 중에 임원이 제일 많다. 그 중 서울대 출신은 타 대기업과 달리 63명으로 전체 임원의 8.7%에 불과하며 지방대 출신이 오히려 111명에 달한다. 연세대와 고려대 출신도 6, 7위에 불과하여 소위 상위 일류 대학 출신 임원은 17%에 불과한 실정이다.

 그만큼 학력보다는 실력 위주로 임원 승진이 이루어지는 것이다. 이런 시스템 하에서는 실력을 증명하고 성과를 내는 것만이 유일한 방법이다. 삼성의 핵심인재가 되느냐는 대부분 입사 3년 안에 결정된다. CEO나 임원이 될 가능성이 높은 인재들은 이미 입사 초부터 선택되어 전략적으로 길러진다. 이들이 가는 길은 거의 정해져 있다. 해외 지역전문가 제도나 해외 MBA 취득 등을 통해 몇 년간 글로벌 감각을 키운 뒤 귀국해서 성과로 보답한다. 그리고 특진을 통해 남들보다 빨리 부장까지 승진시킨 뒤 전략기획실을 거치는 경우가 많다. 이들은 삼성의 핵심부서에서 그룹경영에 참여함으로써 전략적 사고와 리더십을 키우게 된다. 임원으로 승진한 후에는 자신이 원하는 다른 계열사로 옮겨진다. 거기서 능력을 재차 검증 받으면 CEO까지 오른다. 이것이 삼성에서 CEO까지 승진하는 과정이다.

삼성의 승진 과정은 마라톤 경주로 비유할 수 있다. 마라톤은 시작하고 얼마까지는 크게 순위가 드러나지 않는다. 마찬가지로 삼성에서도 대리까지는 대체로 무난히 승진한다. 마라톤 경주가 본격화되면 서서히 힘에 부쳐 중도에 포기하는 사람들이 생기는데, 삼성에서는 과장급부터가 바로 이 시기라고 할 수 있다. 과장은 그야말로 그 조직을 책임지는 최종의 '장'이다. 책임이 뒤따르는 위치이므로 업무강도나 직무에 대한 책임도 대리급과 비교할 수 없이 커진다. 회사도 과장급부터는 그동안의 투자 결과를 본격적으로 거두는 시기로 인식한다. 확실한 결과물이 나오길 기대하는 것이다. 자연적으로 이 시기부터 본격적인 경쟁이 시작된다. 실력과 성과로 자기 자신을 보여줘야 하는 시기가 온 셈이다. 업무강도도 세지고, 책임지고 수행해야 할 프로젝트도 많아진다. 여기에서 제대로 실력을 보여주지 못하면 서서히 뒤처지며 탈락자가 된다. 헤드헌팅 시장에서 삼성 출신의 경우 과장급 인력들이 주류를 이루는 것도 바로 이 때문이다.

과장급 이후부터는 승진심사가 까다로워진다. 이때부터 조직구조가 피라미드식으로 빠르게 변화하기 때문이다. 특히 차장급 이상부터는 인건비가 비싸 고용비용 대비 업무 효율성이 점차 낮아지기 때문에, 승진 대상자의 수를 제한하여 과장 가운데 능력이 뛰어난 사람만을 차장과 부장으로 승진시킨다. 이 때문에 부장 승진에서 몇 차례 누락을 하면 견디지 못하고 스스로 사직하는 과장이 많다. 이처럼 본격적인 평가 결과가 드러나게 되는 과장급부터는 눈에 보이는 성과를 내기 위해 애를 쓰는데 '성과 강박증'에 걸릴 정도다. 그만큼 '과장'이라는 자리는 그 사람이 회사의 핵심인재로 성장할 수 있는 인재인지 아닌지를 가늠할 수 있는 가장 중요한 위치라고 할 수 있다.

고 이병철 회장은 '조직과 시스템에 의한 경영체제'를 구축하면서 계열사 사장에는 경영감각이 있고 기술과 생산과 영업을 아는 관리부서 (경리 회계 및 자금) 출신을 기용했다. 경영은 결국 숫자로 나타날 뿐 아니라 관리 출신들은 업무 전체를 볼 수 있는 훈련이 된 사람들이라는 이유에서다. 그래서 역대 삼성의 최고경영자들은 대부분 관리부서 출신이 많다. 특히 비서실 근무경험을 가진 관리부서 출신 사장이 제일 많다. 그러나 이건희 회장 체제가 되면서는 이공계 출신 사장이 훨씬 많아졌다. 그리고 앞으로는 이공계 출신으로 리더십이 있고 전체를 보는 시각과 통찰력을 가진 사람들이 사장까지 올라가는 경우가 더욱 많아질 것이다.

뛰어난 성과를 이룬 40대 이공계 출신이 임원의 주류

삼성 임원들은 성과 위주의 치열한 경쟁을 뚫고 임명된 '실무 중심의 고급 관리자'이다. 투명한 인사 시스템과 심사 과정을 거쳐 선출되기 때문에 누가 보아도 실력을 의심할 수 없다. 특히 인재가 많은 삼성에서 임원으로 승진한다는 것은 '인재 중의 인재'라는 사실을 대내외적으로 인정받는 것과 다름 없다.

삼성에서는 임원을 한 계열사에 오래 두지 않고 신규 사업이나 확장되는 계열사 등으로 순환 인사시킨다. 이를 통해 해당 임원은 임원으로서의 자신의 장점과 단점을 더 발전시키고 끄집어낼 수 있게 된다. 평가에 있어서도 대상자는 업적을 점수화해 장점과 보완할 점을 명시한다. 또한 임원에게는 연 1회 진행되는 경영자 세미나에 참가할 수 있는 특전이 주어진다. 임원만을 대상으로 하는 이 세미나를 통해 그룹의 목표와 나아갈 바를 체득하고 그룹의 임원들과 교류하면서 삼성 임원으로서의 공동체 의식을 키우라는 의미에서다.

성과주의 평가가 더욱 강화되고 있는 삼성은 대발탁이라는 형식으로 과감히 승진시키는 특전의 기회를 주기도 한다. 발탁인사는 승진 연수를 다 채우지 않았거나 한두 단계를 뛰어넘어 승진을 한 경우이기 때문에 전체 임원의 평균 나이를 낮추며 젊게 만든다. 주로 획기적인 성과를 거둔 임직원 중에서 임원을 선출할 때 이런 승진 방식을 쓰는데, 2006년 전무 승진자를 보면 승진자 69명 중 발탁인사가 50%에 가까운 34명에 이른다. 또 2006년을 기준으로 40대 임원 비율은 60%(769명)에서 68%(963명)으로 늘어났으며 임원 평균 연령도 48.3세에서 47.5세로 대폭 젊어졌다. 이러한 대발탁은 삼성 직원들에게 오로지 성과에 의해서만 내부 성장이 가능하다는 사실을 다시 한 번 확인시키는 계기가 되었다. 비슷한 내용이긴 하나 각 분야에서 뛰어난 업적을 이룬 삼성인에게 주는 '자랑스런 삼성인 상' 수상자도 검증된 업적을 통해 수상한 만큼 대발탁을 포함한 승진 대상에 들어가게 된다.

이건희 회장 취임 후 삼성은 이공계 출신이 임원으로 대폭 합류하였다.

이 또한 삼성의 특징이다. 삼성전기 강호문 사장(서울대 전기공학과), 삼성 석유화학 허태학 사장(경상대 농학과), 삼성코닝 정밀유리 이석재 사장(서울대 전기공학과), 전 삼성물산 정우택 사장(서울대 금속공학과), 호텔신라 이만수 사장(서울대 응용화학과), 에버랜드 박노빈 사장(서울대 수학과) 등이 대표적이다.

참고로 2006년 한국상장회사협회는 2004년 국내 증시에 상장된 668개 업체의 임원 10,542명(등기 임원 4,774명, 집행 임원 5,768명)을 분석하여 발표했는데, 그 결과를 보면 2004년 한국 기업의 임원 표준은 김씨 성을 가진 52세 서울 출신으로 서울대 이공 계열을 졸업하고 강남구에 거주하며 취미로 골프를 치는 것으로 나타났다. 임원의 평균 연령대는 50대 초·중반이었다.

최고의 대우를 받는 삼성 임원

삼성 임원들은 일반 기업의 CEO보다 좋은 대우를 받는다. 연봉도 최고 수준일 뿐만 아니라 일류 기업의 임원으로서 자부심을 가질 수 있는 각종 부대시설도 제공된다. 물론 최고의 대우를 해주는 만큼 책임 수준도 상당하다. 오죽하면 삼성의 임원 자리를 재계의 '별'로 비유하겠는가? 40여 계열사 가운데 삼성 그룹 임원 수는 약 1천 2백 명 정도다. 먼저 신입 임원에게는 연봉 외에 2000CC급 승용차, 원목가구, 컴퓨터, 휴대전화, 골프회원권 등이 지급된다. 또한 업무 효율을 극대화하기 위해 비서도 지원된다. 부사장급 이상이 되면 3500CC급 이상의 승용차가 지급되고 기타 지원 내용도 상향된다.

삼성의 임원 보수가 크게 오르고 최고의 대우 수준이 된 것은 이건희 회장이 회사를 글로벌 기업으로 키우려면 임원 보수부터 국제적 수준으로 높여야 한다고 결정한 1999년 이후부터이다. 실제 숫자와는 거리가 있겠지만 2005년 결산 자료만 본다면 삼성전자 등기 임원의 연봉만도 80억 정도가 나왔다고 한다. 당시 상장기업의 임원 임금은 4천 만원이 조금 넘었고 직원과 등기 임원의 연봉 격차는 보통 10배가 채 되지 않았다. 그러나 삼성전자의 직원과 임원의 평균 연봉 격차는 130배 정도로 어마어마했다. 이 수치는 128배인 미국 수치와 비슷하다. 이런 이유 때문에 삼성의 전 직원들은 상위 1%인 임원이 되기 위해 성과중심의 치열한 경쟁을 하는 것이다.

주목되는 삼성의 스톡옵션 폐지

2005년 이전만 해도 삼성은 임원이 되면 스톡옵션제를 적용 받았다. 하지만 스톡옵션의 여러가지 문제가 부각되면서 '장기성과 인센티브'로 정책을 전환했다. 장기성과 인센티브란 3년 단위로 업무 실적을 평가해 현금으로 보상해주는 방식이다. 이러한 방식을 도입한 이유는 스톡옵션의 폐해가 미국을 중심으로 서서히 나타났기 때문이다. 가장 큰 문제는 백데이팅(backdating)이다. 이는 스톡옵션을 통한 이익을 극대화하기 위해 유리한 날짜로 지급일을 맞추고 자신의 이익을 위해 해당 날짜가 되면 주식의 가격이 임의로 조정되도록 경영성과나 지표를 조작하는 것이다. 미국에서는 이런 사실이 밝혀져 경영진 34명이 쫓겨나고 스캔들로 비화되기까지 하였다. 또 미국에서는 140여 개나 되는 기업이 스톡옵션 '백데이팅'과 관련된 것으로 밝혀져 법제까지 변경되었다. 이처럼 스톡옵션에 대한 순기능보다 역기능이 더 부각되자 삼성은 과감하게 임원에 대한 스톡옵션을 폐기하고 '장기성과 인센티브제'를 도입했다. 이에 따라 삼성 임원들을 3년 단위의 실적이 인정될 경우 직급, 직종, 기여 정도에 따라 수천만 원에서 수십억 원을 지급받게 되었다.

'장기성과 인센티브제'는 경영을 잘할수록 보상 규모가 커지는 제도로 경영자들로 하여금 사력을 다해 일에 몰두하게 만든다. 실제 미국에선 이 제도 도입과 함께 괄목할 실적 향상을 이룬 기업이 적지 않다. 특히 미국의 정보통신 산업이 급성장 가도를 달리고 있는 데에는 이 제도의 공로를 빼놓을 수 없다는 것이 일반적 분석이다. 이 인센티브는 전 임직원에게 1년에 두 차례씩 지급하는 생산성격려금(PI)과 한 차례 지급하는 초과이익배분금(PS)과는 별도로 지급된다. 스톡옵션제는 외국인 핵심인력 영입 등 경영전략 차원에서 반드시 필요하다고 인정될 경우에 한해 활용하는 것으로 방침이 세워져 있다.

퇴직 임원들 대우도 환상적

"임원으로 승진하지 않는 게 나을 뻔했습니다."

2003년 발탁인사로 상무보가 됐던 한 임원이 불과 1년을 채우지 못하고 내뱉은 말이다. 삼성은 2002년 346명, 2003년 319명, 2004년 363명, 2005년 448명, 2006년에는 455명의 임원이 승진했다. 이것은 한편으로는 거의 같은 숫자의 임원이 회사를 떠나거나 곧 떠나야 할 처지가 됐다는 것을 의미한다.

모든 기업은 신진대사가 원활하게 이루어져야 생명력을 가질 수 있다. 올라갈 자리는 정해져 있고 승진시켜야 할 대상자는 계속 늘어난다면 이미 승진한 사람 중 누군가가 떠나야 한다는 것은 당연한 이치이다.

문제는 기업의 임원이 기업 기밀의 최종 접근자인 경우가 많아 퇴직 시에 기업 비밀이 손쉽게 외부로 노출될 수 있다는 데 있다.

최근 들어 현직에 있을 당시의 불만으로 퇴직 후 '양심선언' 이라는 명분을 내세워 사내문제를 고발하거나 폭로하는 사건들이 여러 건 있었다. 이런 일이 발생하면 해당 기업은 치명적인 상처를 입을 수밖에 없다. 임원들은 현직 당시 그룹의 민감한 사안들을 직접 취급한 사람들이기 때문에 그 위력이 더 크다. 비록 그리 좋은 예는 아니지만 기업의 입장에서 퇴직자들, 특히 기업의 기밀을 많이 취급했던 임원들에 대한 퇴직 후 관리는 그만큼 중요해질 수밖에 없다.

이를 반영하듯 최근 대기업들이 퇴직한 임원에 대해 각별한 관리에 나서고 있어 관심이 집중되고 있다. 총수가 직접 퇴직 임원들을 위한 행사를 여는가 하면 돈독한 유대관계를 유지하려 다방면으로 노력하고 있다. 심지어 퇴임 후에도 급여는 물론 사무실과 비서, 차량까지 제공하며 현직 임원들 못지않은 대접을 하고 있다. 이에 대해 한 대기업 관계자는 임원들이 재직 시 쌓은 공로가 커 보상 차원에서 하는 전관예우일 뿐 다른 의미는 없다고 설명하곤 하지만, 일각에서는 자칫 내부 기밀 등이 누설될 것을 우려해 미리 방지하는 차원에서 조직적 관리를 하는 것 아니냐는 의혹의 시선을 던지고 있다.

퇴직 임원들에게 가장 많이 신경을 쓰는 기업 중 하나가 바로 삼성이다. 국내 1등 기업답게 전관예우도 수준급이며 퇴직 임원들을 위해 파격적인 복지혜택을 제공하고 있다. 표면상으로는 재직 중에 있을 때와 크게 다르지 않다. 사고나 문제 없이 회사를 떠나면 부사장급 이하는 1년간의 자문역에, 사장단급은 상근 3년, 비상근 3년의 고문으로 위촉된다. 사장단급에 대한 대우는 아주 파격적이다. 경우에 따라서는 종신고문으로 대우하는 경우도 있다고 한다. 다니던 계열사 안에 사무실도 만들어 주기 때문에 현직과 큰 차이가 없다. 이와 관련 삼성의 한 관계자는 "급여의 경우 1년은 기본으로 제공하고 있지만 그 이상의 기간은 임원에 따라 다르다"고 말했다. 퇴직 임원에게 왜 급여를 지급하는지 그 이유를 묻자 이 관계자는 "현직을 떠나긴 했지만 퇴직 임원들이 갖고 있는 경영 노하우 제공에 대한 반대 급부의 성격이 강하다"고 설명했다. 하지만 그는 기밀누설에 대한 우려가 없는 것은 아니라고 말해 이런 혜택이 관리 차원의 일환이라는 사실을 부인하지는 않았다.

그 외에도 삼성은 전직 임원들의 모임도 지원한다. 대표적인 모임으로 임원 출신 모임인 '성우회(星友會)'와 '성대회(星代會)'가 있다. 전직 사장단 출신들의 모임으로 현재 80여 명 정도가 회원으로 등록되어 있다. 서울 강남구 논현동에 별도의 사무실이 있고 전담 비서도 배치되어 있는데 모두 삼성에서 지원한 것이다. 이 외에도 삼성은 임원 출신들의 여러 모임에도 지원을 아끼지 않고 있다.

5

삼 성 의   인 재 경 영 과
인 재 육 성 전 략

사업의 핵심역량을 잘 알아야 한다는 지(知),
단순히 아는 데서 그치지 않고 솔선수범해서 행동으로 옮겨야 하는 행(行),
부하직원에게 제대로 전달해 일을 시키는 용(用)과 가르치는 훈(訓),
그리고 정확하게 평가할 줄 알아야 한다는 평(評),
삼성의 교육은 이러한 점을 포괄하여 종합적으로는 반영하고,
강한 조직 프라이드를 갖는 일등주의 삼성인을 만들어내는 데 중점을 두고 있다.

삼성의
삼성맨 만들기

이건희 회장의 비단잉어 인재론

20여 년 전 삼성의 이건희 회장은 '비단잉어사'라는 일본 NHK 특집방송 테이프를 건네주며 이 프로그램에서 우리가 배울 수 있는 교훈이 무엇인지 알아보라고 지시한 바 있다. 주홍색과 흰색, 또는 검은색이 어우러져 화려함과 신비감을 더해진 비단잉어, 이 비단잉어가 어린 치어에서부터 화려한 비단잉어로 성장하기까지 비단잉어사들의 집념 어린 과정을 소개한 프로그램이었다. 비단잉어 한 마리가 탄생하기 위해서는 나머지 99만 9천 9백 99마리는 버려져야 한다. '좋은 잉어를 만들기 위해서는 불쌍하다거나 아깝다는 생각을 버려야 한다'는 비단잉어사의 집념과 끈기로 결국 한 마리의 비단잉어가 창조되는 것이다. 오늘날의 관점에서 보면 분명 생명윤리 논쟁이 가장 먼저 떠오를 법한 내용이지만, 그 당시에는 그 과정 자체가 감탄과 경의를 나타낼 만큼 대단한 집념이 어린 프로그램이었다. 이건희 회장은 세계 최고의 제품을 만드는 것도, 사업을 성공으로 이끄는 것도, 한 사람의 훌륭한 인재(人材)를 만들어 내는 것도 이와 같아야 한다는 것을 계열사 사장은 물론 임원들에게 강조한 것이다. 이 프로그램은 사장단과 임원들은 물론 전 중간 관리자에게까지 시청시키고 토의할 만큼 이건희 회장의 마음을 사로잡았다. 경영자로서 세계적인 명성과 찬사를 받는 GE의 전 회장 잭 웰치의 자서전을 보면 한 사람의 후계자를 뽑기 위한 '비단잉어 만들기' 과정이 소상히 소개되고 있다. 그는 이 과정을 그 어떤 결정보다도 힘들고 곤혹스러웠다고 술회하고 있다. 적어도 일년 동안 아침에 눈을 뜨면 제일 먼저 그 일에 대해 고민하기 시작했고, 밤이 되어 잠자리에 들 때까지도 그 생각에서 벗어나지 못했다고 한다. 잭 웰치 회장은 임기 7년을 남겨 놓고 후계자를 고르기 시작했는데 당시 GE의 임직원 30만 명 중에서 뽑힌 예비 후보자는 23명이었다. 7년 후인 2000년 이멜트(Jeffrey Immelt)라는 한 사람으로 압축될 때까지 후계자 선정 과정은 앞서 '비단잉어 감별'보다 더 힘들고 어려운 과정이었다. 경영권을 승계할 후임자를 선정하는 과정에서 잭 웰치 회장이 가장 중요하게 여기면서도 단호한 결단을 내린 것은 바로 회사 내부의 의사결정에 어떠한 '정치적인 요소'도 개입되지 않도록 차단하는 일이었다고 한다.

혼히 '사람은 많은데 쓸만한 인재는 없다'는 말을 많이 한다. 쓸만한 인재찾기가 '비단잉어 감별' 만큼 어렵다는 얘기다. 이건희 회장이 그룹의 최고경영자 한 사람 한 사람을 키우고 선별해나가는 과정도 GE의 잭 웰치 전 회장과 크게 다르지 않다. 인재를 중시하는 삼성의 경영방식이 창업 이래 이병철 회장의 가장 고집스런 경영철학이었고 이건희 회장 취임을 맞아 더욱 강화되고 있는 것처럼 말이다.

Smart Idea! 비단잉어사

일본 비단잉어의 역사는 200여 년 전으로 거슬러 올라간다. 일본의 연못에는 관상용 잉어를 키웠는데 원래는 흰색과 검정색 잉어뿐이었다. 그런데 흰색 잉어 중에 머리 부분이 주홍색을 띤 돌연변이가 한 마리 나타났다. 일본인들은 이 돌연변이를 다른 잉어와 계속 교배시켜 홍·백·흑 3색이 조화된 화려한 잉어를 탄생시켰다. 몸 길이 75센티미터, 무게 5킬로그램 가량의 아름다운 비단잉어가 만들어지기까지는 대략 4년의 세월이 소요된다.

야마코시의 비단잉어사 마노는 처음 13마리의 어미 잉어로부터 500만 마리의 치어를 산란시켜 비단잉어 키우기에 들어간다. 치어가 커가는 과정에서 감별 작업은 계속된다. 1차 5백만 마리 중 10분의 1인 50만 마리가 선별되고 나머지 4백 50만 마리는 모두 버려진다. 선별된 50만 마리도 계속 감별 작업에 들어가 3차에는 6천 마리만 남는다.

비단잉어는 몸의 형태, 색의 선명성, 무늬의 밸런스 등이 모두 갖추어져야 비로서 훌륭한 '작품'이 된다. 5백만 마리의 치어 중 4~5년 후 품평회에 나가는 잉어는 고작 4~5마리뿐이다. 대략 1백만 마리 중 한 마리가 선택되는 것이다. 그 한 마리를 위해 나머지 99만 9천 9백 99마리는 버려진 것이다. 비단잉어사의 이러한 집념과 끈기를 보면서, 한 마리의 비단잉어가 창조되는 데도 이럴진데 한 사람의 훌륭한 인재가 태어나는 것도 이와 같지 않을까 생각해본다.

국내 최초의 공채 시작

삼성 그룹은 1957년 국내 기업 가운데 최초로 공개시험을 통해 인재를 모집했으며 지금도 이 원칙을 고수하고 있다. 고 이병철 회장은 아무리 바빠도 신입사원 면접만은 꼭 챙겼다. 오늘날에는 그런 것이 거의 불가능하다. 매년 채용되는 인원이 대졸 신입만 해도 1만 명이고 경력사원도 몇백 명 수준인데다가, 채용시기도 잦아 그룹 회장이 이를 모두 챙기기는 너무 힘들다. 하지만 지금도 인재에 대한 기업 총수의 애정과 관심은 식지 않았다.

삼성의 채용 방식은 오래 전부터 공정한 선발 기준이 정립되어 있다. 먼저 채용을 주관하는 형태와 대상에 따라 그룹 채용과 각 사 채용으로 구분된다. 그룹 채용은 4년제 대학 졸업 사원이나 전문대 졸업 및 실업계 고등학교 졸업 사원, 해외 인력 등 다수의 관계사가 동시에 공동으로 추진할 필요가 있을 때 실시된다. 각 사 채용은 말 그대로 계열사가 필요한 인재를 자체 충원하는 것으로 주로 경력사원을 뽑을 때 이용된다. 생산현장에서 근무할 기능직 사원이나 각 사 특성에 따른 전문인력, 공동 채용의 경제적 단위가 못 되는 소수 인력, 기타 삼성 인력관리위원회가 위임한 채용 등이 여기에 해당된다.

또 공개채용과 개별채용으로 나뉘기도 한다. 공개채용은 그룹 채용이 이루어지는 형태이다. 개별채용은 수시채용과 연고채용, 현지채용 등으로 나뉜다. 수시채용은 대부분 경력사원의 채용 방식으로 계열사가 필요한 전문인력을 필요한 때마다 충원하는 방법이다. 삼성에서 연고 채용의 경우는 아주 드문 경우로 대상 인원도 극소수다. 회사 발전에 큰 공로가 있는 경우 그 연고자에 한해 까다로운 심사와 구조조정본부의 승인을 거쳐 선발된다. 이렇게 선발되는 인원은 실제로 거의 없다고 해도 과언이 아니다. 현지채용은 외국 법인의 현지 공장 직원을 채용할 때, 해당 지역의 노동력을 채용해 활용하는 제도다.

될성부른 나무는 떡잎부터 알아본다

인재 제일주의를 표방하는 삼성 그룹은 이를 실천하기 위한 첫걸음으로 신입사원 선발에 심혈을 기울이고 있다. 조직문화에 부합하는 우수한 인재는 물론, 최근에는 다양한 끼와 소질을 가진 개성 있는 인재에 이르기까지 여러 방면에서 실력을 갖춘 인재들을 선발하고자 노력하고 있다. 채용 방식은 앞서 언급한 공개채용과 수시채용이 대표적이다. 신입사원의 경우는 대부분 공개채용으로 선발하고, 경력사원의 경우 언제라도 문을 두드릴 수 있도록 수시채용을 채택하고 있다. 이와는 별도로 각 분야별로 재능 있는 인재들을 선발하는 '특채방식'도 활용되고 있다.

공채의 경우 삼성 그룹은 2005년 상반기에는 3천 3백명의 신입사원을, 하반기에는 5천 명의 신입사원을 뽑는 등 대규모로 진행했으며 그 경쟁률도 치열했다. 각종 취업 전문 회사의 설문 결과를 보면, 취업 예정자가 가장 선호하는 기업 1위는 삼성이라 한다. 초일류 기업으로 당당히 성장한 삼성이라는 큰 물에서 일하고 싶은 취업 준비생들이 점차 늘어나고 있는 것이다. 이 때문에 경쟁도 치열하지만 입사시험 역시 까다롭다. 서류전형→삼성직무적성검사(SSAT)→4단계 면접→건강검진 등을 거쳐 최종 선발 여부가 결정된다.

지원자는 우선 삼성 그룹 홈페이지로 들어가 희망 계열사를 기재한 지원서를 작성해야 한다. 각 계열사는 지원서를 심사한 후 일정 기준을 통과한 지원자들에게 ID와 패스워드를 준다. 이것을 받은 사람만이 전형절차에 따라 입사시험에 응할 수 있다. 특이한 것은 입사 지원서에 출신지를 기록하는 난이 없다는 것이다. 지연, 학연, 혈연 등 '3연(緣)의 배격'을 인사의 오랜 전통으로 삼고 있기 때문이다. 서류전형의 경우 출신학교는 따지지 않지만, 전공 분야와 학점은 반드시 살핀다. 대학 생활의 성실성과 전문성을 평가하기 위해서다. 외국어는 일정 수준 이상의 등급이 있어야 한다. 영어의 경우 보통 삼성 사내 1급 수준인 토익 830점 이상은 되어야 안심할 수 있다. 어학연수나 동아리 활동, 업무 관련 자격증 등은 전형 기준에 반영되지 않는다. 하지만 면접할 때 참고 자료로 활용되기 때문에 자기소개서에 기재하는 것이 좋다. 특히 한자

능력시험 자격증은 내부 기준에 따라 우대받을 수도 있다.

'특채방식'은 다양한 끼와 재능을 갖춘 '특이인재'를 뽑기 위해 최근 도입된 제도다. 주로 클럽이나 멤버십 등을 활용한다. 삼성전자의 경우를 보면 다양한 인력 풀을 확보하기 위해 소프트웨어 멤버십, 디자인

| 삼성 채용 전형 절차 |

구분		구분	비고
서류전형		자격 기준 심사	어학이나 자격증
면접전형	인성면접	기본인품, 적극성, 국제감각 • 개별 면접 20분 • 구조화된 면접 질문과 관찰, 성장 배경, 과거 행동, 미래 상황, 행동 관찰	2002년 신면접 제도 도입
	인성면접	창의성, 전문성, 문제 해결 능력 • 발표 준비 60분＋개별 면접 20분 • 개인 능력 평가 • 과거 해결＋질의 응답, 사례분석, 모의상황, 면접 질문	
	인성면접	리더십, 협조성, 포용력, 팀워크, 추진력, 책임감 • 토론 준비 15분＋집단 토론(6인 1조) 40분 • 집단 토론, 집단 해결 과제, 행동 관찰	
	지적능력	언어력, 수리력, 공간 지각력	출제 및 판정은 그룹 공통기준
	실무능력	상황 판단력, 감성 능력, 사회 상식	
	인성검사	성격 특성 및 특이자 변별	
어학		국제화의 어학 소질	토익
건강진단		기본적인 건강 상태 확인	그룹 공통 기준

멤버십, 휴먼테크 멤버십 등 다양한 클럽을 운영하고 있다. 이 클럽에는 대학생이나 대학원생을 중심으로 다양한 사람들이 많이 포진해 있다. 채용 규모는 물론 소수다.

고급 기술인력의 경우 해외 기업체 한국인 정보(Huris), 미국, 중국 등 주요 국가 인재 채용 팀인 IRO, 미국 시카코에 위치한 재미과학자협회(KSEA) 추천으로 이뤄지는 경우도 있다. 핵심인력들은 기업 설명회, 대여 장학제도, 휴먼테크 논문상, 학술 파견자 추천, 각종 단체 지원 및 추천을 받는다. 이 밖에 우수인력들은 학과별 모니터 요원제, 출신 학교별 임직원 리쿠르트, 동·하계 기업 탐구 및 인턴십 등을 운영해 선발된다.

뽑은 뒤에는 확실하게 교육시킨다

삼성의 교육 프로그램은 국내 최고 수준일 뿐 아니라 해외에서도 인정받을 정도다. 2002년 이우에 사토시(井植敏) 산요그룹 회장도 삼성인력개발원을 방문해 체계적이고 방대한 교육 프로그램을 직접 접하자 감탄을 연발했다. 산요그룹은 삼성의 교육 프로그램을 배우기 위해 삼성인력개발원에서 분사한 인터넷 교육전문기관 크레듀로부터 삼성의 경영교육 컨텐츠를 사갔다. 일본의 마쓰시타 역시 삼성의 컨텐츠를 구입해갔다. 그뿐 아니라 윌리엄 오벌린(William Oberlin) 보잉코리아 사장도 삼성의 인재교육을 벤치마킹하기 위해 삼성인력개발원을 방문하여, 연수 프로그램을 검토하고 원장과 직접 면담을 나누기도 했다.

삼성의 교육을 총괄하는 삼성인력개발원은 교육 프로그램뿐 아니라 시설 면에서도 세계 최대 규모를 자랑한다. 삼성인력개발원은 호암관과 창조관이라는 두 개의 연수원으로 되어 있는데, 호암관은 외국어 생활관으로 창조관은 인재양성을 위한 교육관으로 각각 활용되고 있다. 호암관은 이병철 회장 대에 인재양성을 위해서 지은 건물이고, 창조관은 이건희 회장의 취임 직후 지은 건물이다.

이 두 시설은 3천 7백여 명이 동시에 교육받을 수 있을 만큼 엄청난 규모다. 경기도 용인의 에버랜드 뒷산 중턱에 위치해 공기도 맑고 경치도 좋다. 특히 창조관은 내부시설이 웬만한 호텔 뺨칠 정도다. 호암관은 지은 지 오래되어서 낡긴 했지만 보수에 특히 신경을 쓰고 있기 때문에 내부 시설은 창조관 못지않다.

삼성인력개발원을 방문한 세계적인 기업의 CEO들은 한결같이 삼성이 세계적인 기업이 된 이유를 알겠다며 부러움을 금치 못하고 있다. 공정거래위원회 등 공공기관들이 삼성인력개발원에 와서 교육을 받는 데는 다 그만한 이유가 있는 것이다. 교육프로그램이나 시설, 운영 노하우 등이 세계 최고 수준이니 민간기업뿐 아니라 공공기관에서조차 이를 배우지 않을 수 없다.

4주간의 교육이면 사람이 달라진다

삼성의 교육 프로그램은 신입사원부터 직급별로 다양하다. 하지만 백미는 역시 신입사원 교육이다. 삼성의 신입사원 교육 프로그램은 4주간 그룹 합숙으로 진행된다. 국내 기업 가운데 한 달씩이나 그룹 전체가 합숙하면서 장기간 교육을 받는 곳은 오직 삼성뿐이다. 삼성전자는 2005년 하반기에만 5천 명을 채용했는데, 이 정도 규모의 인원을 모두 수용해 교육할 수 있는 곳은 세계 최대 규모의 시설을 갖추고 있는 삼성인력개발원뿐이다.

연수원에서의 첫날은 통일된 연수 복장을 입고 입소하는 것으로 시작된다. 뒤이어 연수 과정이 소개되고 연수원 생활에 대한 안내가 이루어진다. 연수원에 있는 동안에는 외부와 일체 접촉할 수 없다. 외출은 2주차 교육이 끝나고 현장 실습을 나가기 전에 한 번 있는데 그 전엔 전화도 할 수 없으며 신문이나 잡지도 볼 수 없다. 유일한 연락 방법은 편지다. 교육을 받는 동안 교육에만 전념하라는 뜻이다. 일과 중엔 절대로 호주머니에 손을 집어 넣어서는 안 되며 건물 내에서는 정숙한 언행과 바른 예절이 요구된다. 지도사원을 만나면 인사를 해야 한다. 그렇지 않으면 벌점을 받는다. 흡연도 지정된 장소에서만 가능하며 음주나 도박은 불가능하다.

1주차 교육은 사회인으로서의 기본 다지기에 초점이 맞춰진다. 적당한

색깔의 와이셔츠를 고르는 법, 넥타이 매는 법부터 술마시는 법까지 기본적인 비즈니스 에티켓도 가르친다. 삼성인으로서 지켜야 할 품성이나 규칙이 완전히 몸에 배도록 하기 위한 것이다. 2주차는 삼성식 경영관에 대한 교육이다. 삼성이 한국 경제에 미치는 영향 및 대기업의 역할, 삼성이 갖는 경쟁력 원천 등의 교육이 집중적으로 이뤄진다. 교육은 일방적인 강의가 아니라 철저한 찬반양론 형태로 진행된다. 자원 봉사 및 도전, 테마 활동 등으로 구성된 3주차 프로그램이 끝나면 마지막한 주는 정리 및 평가 기간이다. 해외 주재원 등의 경험을 가진 선배들과 대화 시간을 통해 스스로 비전을 키워나간다. 4주간의 일정이 끝나면 사람이 달라진다. 얼굴에 긴장감이 생긴다. '삼성인'으로 변화되는 순간이다.

교육 과정은 그때그때 다르며 업무상 기밀로 분류된다. 대부분 최고경영자, 스포츠 선수, 예술가, 교수 등 사내외 유명 강사의 강의가 중심이된다. 팀별로 주어진 과제에 대해 아이디어를 발휘하고 문제를 해결해나가는 다채로운 프로그램도 있다. 교육 과정은 매우 철저하다. 시스템 자체가 철저하게 교육시키고 교육받을 수밖에 없도록 되어 있다. 힘들게 입사했어도 신입교육을 받는 과정에서 문제가 있으면 입사가 취소된다. 삼성전자에서 필요해서 뽑긴 뽑았는데 인력개발원에서 신입사원 교육 중 안 되겠다고 퇴소시키면 삼성전자도 해당 사원을 믿을 수없다고 판단하여 입사를 취소시키는 것이다. 삼성의 신입사원들은 이곳에서부터 철저하게 살아남는 법을 배우는 셈이다.

신입사원 교육의 특징은 지도선배가 팀장으로 나서 동고동락하는 지도선배 제도(Mentoring System)라는 것이다. 팀장은 교육 전문가가 아니라 현업에서 3년가량 일한 선배들이다. 우수사원만을 선발하는데다 입사 3년차에게만 기회가 주어지기 때문에 선발된 선배들은 그만큼 영광으로 알고 성의껏 교육에 임한다. 팀장 역할을 맡은 선배는 대략 신입사원 입소 2주 전에 들어가 교육이 끝나고 일주일 후에 나온다. 2개월 가까이를 신입사원 교육에 바치는 셈이다.

강의와 교육 프로그램을 소화한 후 방에 들어오면 하루 일과에서의 마지막 과정이 하나 더 남아 있다. 바로 수련기를 써야 하는 것. 매일매일 일기를 쓰듯 그날 배운 것과 느낀 점, 고쳐야 할 사항 등을 적는 것이다. 팀장으로 신입사원 교육에 참여했던 삼성전자 직원의 말을 들어보면 교육 과정의 생활을 엿볼 수 있다.

"팀장들은 하루에 3시간 정도 잘 겁니다. 신입사원들도 4~5시간 정도 잘 수 있고요. 하지만 힘들었던 26일이 지나면 자신감이 충만해지고 삼성인으로 다시 태어났다는 걸 새삼 느낄 수 있게 됩니다"

싱글 삼성을 만드는 하계 수련대회

신입사원이 창의적인 '끼'와 '개성'을 마음껏 발휘할 수 있도록 도와
주는 신입사원 입문 교육의 대미는 하계 수련대회다. 2006년도에는 6
월 7일부터 3일간 강원도 평창 보광휘닉스파크에서 열렸다. 20회째를
맞은 이 행사에는 7천여 명의 공채 46기 그룹, 4천여 명의 최고경영자
와 임직원, 6백 명의 해외법인 직원 등 약 1만 1천명이 참가했다. 모토
는 '프라이드 인 삼성(Pride in SAMSUNG)'.

이 행사에 참석했던 삼성공채 46기인 주봉민 씨(삼성전자)는 신입사원
교육 소감에 대해 한 마디로 "나 주봉민은 여러분을 믿습니다"라는 것
을 배웠다고 말한다. 챌린지 코스에서 눈을 감고 몸을 날리며 낯선 이
들에게 몸을 맡기면서 동기애를 느꼈다는 것이다. 그러면서 기본과 원
칙을 준수해야 한다는 윤리의식, 교육시간 3분 전까지 착석해야 하는
룰을 통한 시간에 대한 약속, 공정한 경쟁과 성과에 따르는 보상까지
모든 교육들이 새록새록 마음에 와닿았다고 설명한다. 하루 일과를 정
리하는 수련기를 작성할 때는 힘들었지만 꿈을 키우는 날이었던 만큼
보람이 넘쳤다는 얘기다.

이처럼 하계 수련대회는 교육에 있어 세계 최고라는 GE 크로톤빌 연수
원 관계자들도 놀라게 할 정도다. 삼성의 신입사원 교육은 삼성의 전통
과 문화를 이해하고 계승함은 물론 미래에 대한 새로운 출발을 다짐하

는 차원에서 중요한 의미를 지닌다. 특히 미래 비전을 설계하고 자기혁신 역량 강화 등을 중심으로 기본과 원칙을 강조한 '페어 프로세스(Fair Process, 공정한 업무처리)' 문화 체득에 중점을 두고 있다. 이러한 교육의 최종 완성판은 매스게임과 퍼포먼스 등으로 화려하게 마무리된다. 이 과정을 통해 '진정한 삼성인' 으로 탈바꿈시킨다는 게 신입사원 교육의 최종 목표다. 그러한 측면에서 하계 수련대회는 싱글 삼성을 공고하게 다지는 삼성 내 최대 행사로 인식되고 있다.

MAT와 라마드 훈련

삼성은 인재를 교육하는 데 독특한 프로그램이 많은 것으로 유명하다. 그 중 하나가 '한계능력 배양훈련' 과 '판매능력 개발훈련' 이라는 것이다. '한계능력 배양훈련(MAT, Maginal Ability Training)' 은 사원들에게 패기와 열정을 불어 넣고 '나는 할 수 있다' 는 자신감을 불어넣는 교육 과정이다. 군대의 유격 훈련과 비슷하며 코스별로 주어진 문제를 가급적 빠른 시간 내에 해결한 팀이 이긴다. 20여 명을 한 팀으로 구성하여 20킬로미터를 행군하며 조직의 단합을 강조하는 훈련이기에 발을 삐거나 체력이 약한 동료들을 업고 뛰는 광경도 흔히 볼 수 있다. 그만큼 동료애를 요구하는 훈련이다. 또한 각 팀은 독도법을 이용하여 사전에 설치된 3~4개의 포스트를 발견해야 한다. 그 포스트에는 여러 가지 지시사항이 적혀 있다.

- 포스트 이동 간에 팀원들의 가족 이름을 모두 외워라.
- 각 회사의 주요 경영정책을 암기하라.
- 21세기에 도전하는 당신의 실천의지를 춤으로 표현하라.
- 개구리 세 마리를 잡아오라.

포스트의 내용은 기상천외한 것들이 많다. 그러나 문제가 어렵다고 얼렁뚱땅 넘어갔다가는 큰일난다. 다음 포스트에 심사요원이 대기하고 있다가 바로 점수를 매기기 때문이다. 때로는 길을 잃기도 하고, 때로는 과제를 해결하기 위해 팀원들이 의견 충돌로 싸우기도 하지만 팀워크를 다질 수 있는 소중한 시간이다.

판매능력 개발훈련인 라마드(LAMAD, Life Adjustment Marketing Ability Development)는 판매의 중요성과 사회생활의 적응력 배양을 위한 훈련이다. 신입사원들은 '마케팅, 즉 판매란 이렇게 하는 것이다' 라는 사전교육을 받는다. 그런 다음 실제로 삼성에서 만든 카세트, 디지털카메라, MP3 플레이어 등을 가지고 경기도 변두리 지역에 나가 제품을 판매한 후 집결지까지 돌아와야 한다. 훈련 시간은 아침 8시부터 저녁 5시까지. 그 시간 안에 제품을 팔고 그 돈으로 밥도 사먹어야 한다. 제품을 팔지 못하면 밥도 먹을 수 없다. 교통비도 없으므로 순전히 걸어 가서 제품을 팔아야 한다. 오후 5시가 되면 집결지에 도착하여 자신의 판매실적을 체크받는다. 실적이 좋으면 상금이 수여되지만 실적이 나쁠 경우에는 훈련 성적에 영향을 받게 된다.

라마드를 실시하는 목적은 불특정 다수에게 제품의 특성을 설명하고 판매함으로써 고객을 만족시키는 일이 얼마나 어려운지를 체험하는 것이다. 또한 기업 경영에 있어 판매가 얼마나 중요한지를 실감하고 시장의 흐름을 파악하며 고객을 이해하는 계기를 마련하는 데 목적이 있다. 배정받은 판매 구역은 넓지 않으므로 목 좋은 곳을 선점하기 위해서는 다른 팀과 경쟁해야 한다. 이 과정에서 경쟁에서 살아 남는 법을 배우며 도전의식과 자신감, 실천력도 함께 키울 수 있게 된다. 또 판매 활동을 하다 보면 팀원들 간에 정보를 공유하고 자연스럽게 팀워크를 완성해나갈 수도 있는데, 이것도 이 훈련의 장점이라 할 수 있다.

삼성의 인재상과 삼성맨 만들기

삼성의 인재상은 그동안 많은 변화 과정을 거쳤다. 특히 IMF 외환위기 이전과 이후 시점에 삼성에는 큰 변화가 있었다. IMF 외환위기 이전의 삼성인이 가진 특성은 모범생, 순혈주의, 일본파, 국내 관리, 재무, 하드웨어 쪽 인재였다. 식사도 삼성인끼리 하고 골프를 쳐도 계열사끼리 모여서 갔다. 그러나 이러한 인재상은 IMF 외환위기 이후 바뀌기 시작하였다. 다양한 재주를 가진 천재형, 외부영입, 엔지니어, 디자인, 마케팅 인재의 비중이 본격적으로 높아졌다.

| 신 인재상(삼성전자) |

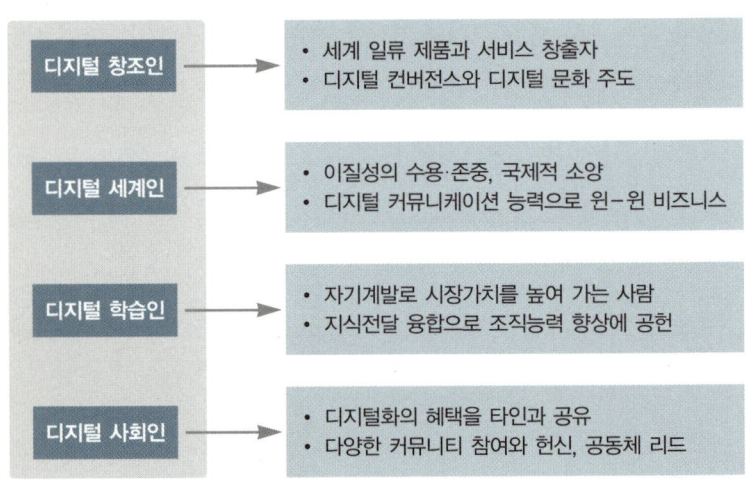

디지털 창조인	• 세계 일류 제품과 서비스 창출자 • 디지털 컨버전스와 디지털 문화 주도
디지털 세계인	• 이질성의 수용·존중, 국제적 소양 • 디지털 커뮤니케이션 능력으로 윈−윈 비즈니스
디지털 학습인	• 자기계발로 시장가치를 높여 가는 사람 • 지식전달 융합으로 조직능력 향상에 공헌
디지털 사회인	• 디지털화의 혜택을 타인과 공유 • 다양한 커뮤니티 참여와 헌신, 공동체 리드

이러한 변화는 오너(Owner) 중심의 회사인 삼성이 글로벌 마케팅을 염두에 둔 일등 기업으로 변화를 시작하면서 당면한 문제들을 해결하기 위해 자연스럽게 도입된 것들이다. 가치관이 변하자 자연히 인재상이 달라지고 인재구성 방식이나 조직운영 방식도 바뀔 수밖에 없었던 것이다.

인간미와 도덕성 그리고 조직에 대한 강한 충성심을 바탕으로 해당 분야에 있어 세계적 수준의 전문 능력과 글로벌 종합경영 역량을 갖춘 21세기 초일류 글로벌 삼성을 주도할 인재. 이것이 오늘날의 삼성 인재상이다. 왼쪽의 표는 21세기를 주도할 인재의 모습으로 삼성전자가 제시한 네 가지 인재상이다. 삼성 그룹의 인재상이 다른 각도로 요약된 것을 볼 수 있다.

삼성의 교육과
연수체계

인재교육의 핵심, 삼성인력개발원

삼성 그룹의 사원이나 임원을 교육시키는 곳은 삼성인력개발원이다. 삼성인력개발원은 삼성의 사관학교로 통한다.

"우리가 진 이유를 알겠다."

일본 산요그룹의 최고경영자 이우에 사토시 회장은 2002년 5월 용인에 위치한 삼성 그룹의 인력개발원을 둘러본 다음 깜짝 놀라며 이렇게 말했다. 이우에 회장과 같이 있었던 4~5명의 산요 직원들의 표정도 심상치 않았다. 이들은 당시 삼성인력개발원장(현 성균관대학교 상임 이사 부사장)인 고인수 원장으로부터 삼성의 인재양성 체계에 대한 소개를 듣고 연수원 건물인 '창조관'을 둘러봤다. 그리고 26박 27일 동안 강도 높게 펼쳐지는 삼성의 신입사원 입문 교육, 6백여 개의 컨텐츠가 구비된 온라인 교육 등을 둘러보며 삼성 성공의 기틀이 교육을 통한 인재개발에 있었음을 알고 큰 충격을 받았다. 아마 이우에 회장은 격세지감을 느꼈을 것이다. 불과 30년 전만 해도 삼성은 오늘날 삼성전자의 전신이었던 산요전자와의 합작법인(삼성 산요파츠)으로 전자사업을 시작한 아주 작은 회사였다.

그렇게 작은 회사에 불과했던 삼성이 세계적 기업이 된 이유는 체계적인 인재양성에 있다고 그는 확신했다. 결국 산요그룹의 인력개발기관인 산요HRS는 크레듀로부터 삼성의 관리능력프로그램 등 경영 교육 컨텐츠를 사갔다. 크레듀는 삼성인력개발원에서 지난 2000년에 분사, 사이버 공간을 통해 삼성의 이러닝(e-learning) 교육 컨텐츠를 판매하는 회사다.

이건희 회장은 취임 이후 인재양성을 위해 원래 있던 건물(호암관) 외에 제2연수원(현 창조관)을 지으라고 지시했다. 이 건물이 완공된 후 호암관은 외국어 생활관으로, 창조관은 그룹 핵심인재 양성 교육관으로 이용되고 있다. 이로써 삼성은 13개 연수소에서 하루 3천 7백 명이 동시에 교육 받을 수 있는 세계 최대의 시설을 갖추게 되었다.

이건희 회장은 기업이 인재를 양성하지 않는 것은 일종의 죄악이라고 생각했다. 또한 삼성이 인재들의 창조적 능력이 맘껏 발휘되는 두뇌 천국이 되기를 바랐다. 최근엔 GE의 크로톤빌 연수원 프로그램을 벤치마킹해 고참 부장급을 대상으로 핵심인력 과정을 신설했다. 그것으로 그치지 않고 삼성은 경영층을 대상으로 이론과 현실을 접목시키는 교육 방식 등 크로톤빌 연수원식 프로그램을 적용한 교육 과정을 만들고 있다. 인재개발에 이처럼 공을 들이니 국내 기업 중 임직원의 로열티가 가장 높을 수밖에 없다. 그리고 그 뿌리에는 지난 1982년 설립된 삼성인력개발원이 자리잡고 있다. 뉴욕 오시닝에 자리잡은 크로톤빌 연수원이 세계 최대 기업 GE의 메카이듯 경기도 용인의 삼성인력개발원은 일류 기업 삼성을 만들어가는 삼성맨의 산실인 것이다.

삼성은 삼성전자인, 삼성물산인, 삼성중공업인이라는 말이 없다. 지금 국내에서 근무하는 약 20만 정도의 삼성인은 어느 회사에 근무하든 삼성인이라고 한다. 지금 다니는 회사에서 관계사의 다른 회사로 가는 것은 퇴사로 여기지 않고 부서를 옮긴 정도로 생각한다. 왜냐하면 삼성인이라는 의식이 강하기 때문이다. 신입 때부터 이것을 철저하게 교육받는다. 이렇게 조직 프라이드가 강하기에 부정부패를 찾기 힘들다. 실제 부정부패로 적발되는 사례는 극히 적다.

삼성인이라는 공통점은 기업의 핵심가치를 공유하는 데서 시작된다. '내가 왜 여기에서 근무를 하는가? 왜 존재하는가?' 역할이 무엇인지

정확히 알고 있다면 그 사람에 의해 창출되는 성과는 아무래도 차이가 있기 마련이다. 그리고 이런 성과를 내는 바탕에는 삼성의 교육이 있다.

삼성은 우수 핵심인력 중심으로 교육과정을 개편했고 글로벌 인재를 육성하기 위한 다양한 제도들을 운영하고 있다. 그 중 하나가 해외 거점의 사람을 인력개발원으로 불러서 교육시키는 것이다.

우리나라 사람이 해외에 가서 종업원을 교육시키는 것과 현지인을 한국으로 불러서 교육하는 것에는 엄청난 차이가 있다. 삼성인력개발원으로 교육을 받으러 오는 사람은 핵심인력 중에서도 중심이기 때문이다. 동기 부여가 강력하며, 비용은 들지만 효과는 더 크다. 이처럼 회사의 CEO가 생각하는 경영철학을 핵심가치로 묶고 그 가치가 전 종업원들에게 공유되어 한 방향으로 흐르고 있으니 삼성이라는 회사는 성장할 수밖에 없다.

리더 양성 프로그램도 폭넓게 존재한다. 리더 양성 교육은 기본교육과 육성교육으로 나뉜다. 기본교육에는 신입사원을 위한 입문 과정이 있고, 과장과 부장 과정이 따로 있으며, 경영자 세미나 등도 있다. 신임 임원 과정에는 신경영을 주도하는 21세기의 새로운 지도자로서의 리더십, 전략경영 실천능력 등을 집중적으로 가르친다.

전문 분야를 좀 더 깊이 알 수 있도록 하는 전문 직무 프로그램도 운영 중이다. 참석자들은 해당 분야에 필요한 종합적 전문지식을 습득하고 전략적 업무수행을 원활히 하기 위해 특별한 교육을 받는다. 예컨대 해외 선진기업에 파견되어 벤치마킹을 하기도 하고 국내 유수의 대학이나 교육기관에서 연수를 받기도 한다. 전문성을 가진 인재야말로 시너지 효과를 발휘할 수 있기 때문에 이 프로그램도 삼성의 직원교육 중 중요한 과정이라 할 수 있다.

삼성교육의 단기적 목적은 구성원들의 자질 향상을 통해 업무의 성과를 극대화하는 것이다. 그러나 삼성 교육의 꼭짓점은 최종적으로 회사의 리더를 양성하기 위한 것으로 지향된다. 이러한 역량을 갖추도록 하기 위해 교육 과정이 끝난 후에는 어떻게 활용할 것인지에 대한 시뮬레이션이 이루어진다. 교육을 통해 좀 더 넓은 시야로 다양한 방향으로 사고할 수 있다면, 업무를 리드하며 성과를 낼 수 있기 때문이다. 삼성은 이런 과정으로 리더로서의 역량을 키우는 것이다. 여기에 더해 1993년 삼성 신경영 강의시 이건희 회장이 임원들에게 강조한 일류 관리자와 리더의 다섯 가지 조건은 삼성의 인재교육에 중요한 지침이 되고 있다.

| 삼성에서 강조하는 리더의 다섯 가지 조건 |

- 知 알아야 한다.
- 行 할 줄 알아야 한다.
- 用 시킬 줄 알아야 한다.
- 訓 가르칠 줄 알아야 한다.
- 評 평가할 줄 알아야 한다.

| 그룹 공통교육 체계 |

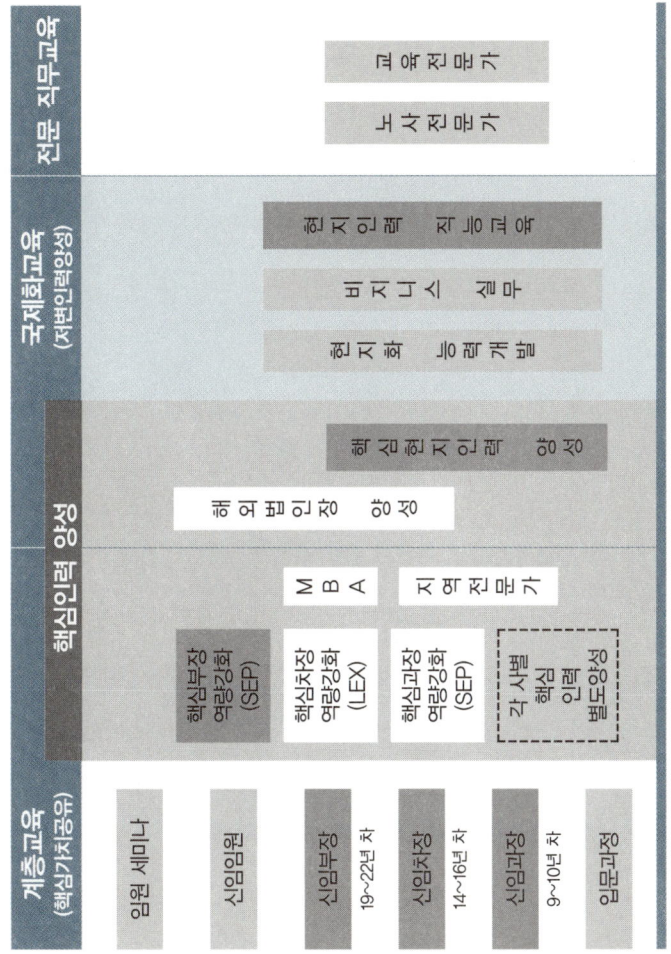

지금도 이 다섯 가지는 리더가 갖추어야 할 조건에 속한다.

사업의 핵심역량을 잘 알아야 한다는 지(知), 단순히 아는 데서 그치지 않고 솔선수범해서 행동으로 옮겨야 하는 행(行), 부하직원에게 제대로 전달해 일을 시키는 용(用)과 가르치는 훈(訓), 그리고 정확하게 평가할 줄 알아야 한다는 평(評), 삼성은 직원의 역량이 올라갈수록 이러한 점을 포괄하여 종합적으로 교육에 반영하고, 강한 조직 프라이드를 갖는 일등주의 삼성인을 만들어내는 데 중점을 두고 있다.

각 사에도 별도의 인재교육 열풍

그룹 공통 과정 외에도 각 사는 자율적으로 여러 과정을 만들어 인재양성을 위한 교육을 하고 있다. 예를 들어 국제화가 가장 절실한 삼성물산의 경우 해외 마케팅이나 국제협상 과정, 이(異)문화 과정 등을 별도로 운영하고 있으며, 삼성SDS에서는 전산전문 과정을 별도로 운영하고 있다. 전문 과정으로는 어학 연수, 포스트 DC 제도, 한국 경영자 석사 과정, 마케팅 리더 과정 등이 개설되어 있다. 그 밖의 다양한 과정들도 많아 본인의 노력 여하에 따라 얼마든지 교육을 받을 수 있다. 삼성인력개발원에서 그룹 교육을 마친 신입사원의 경우 배치와 동시에 각사 교육센터에서 약 3개월간 집중 교육을 받기도 한다.

삼성인력개발원의 교육 중 일부는 이수자의 조건이 까다롭다. 고과, 어학 정도, 조직 추천 등이 있어야 들을 수 있는 것이다. 교육 과정 자체가 2박 3일, 3박 4일 정도로 짧지 않은 과정인데다 블렌디드 런닝(Blended Learning)을 통해 오프라인·온라인 교육을 6개월 내지 1년 가까이 철저히 교육시킨다. 부장 교육이 대표적인데, 부장 교육을 받은 사람만이 임원이 될 수 있다. 그렇기 때문에 죽자사자 교육을 가려고 하는 것이다. 조건이 되는 사람을 철저히 교육시키는 것은 삼성의 리더십 모델이며 원칙이다.

삼성이 인재육성 방법 중 하나는 삼성의 임원 평가에 현재 매출, 이익, 고객만족 등을 평가하는 경영성과 평가 항목 이외에, 반드시 부하 육성과 같은 조직관리 능력 등을 포함시켜 10%에서 많게는 30%까지 평가에 반영하는 것이다. 이렇게 하면 조직이 자연스럽게 각 개인의 능력을 향상시키는 구조를 가질 수 있게 된다.

미래경쟁력 확보를 위해 삼성전자는 선택과 집중의 네 가지 전략, 가치 강화, 차세대 리더 양성, 글로벌역량 강화, 전문가 양성을 선택했다.

이를 위해 영업이나 고객에 대한 교육은 글로벌마케팅연구소에서, 기술은 첨단기술연구소에서, 리더십에 관한 리더 육성은 리더십개발센터에서 각각 담당하고 있다. 이러한 교육을 통해 삼성은 미래 경쟁력을 확보하기 위한 기반을 닦고 있다. 다음 페이지의 표에 상세히 설명해놓았다.

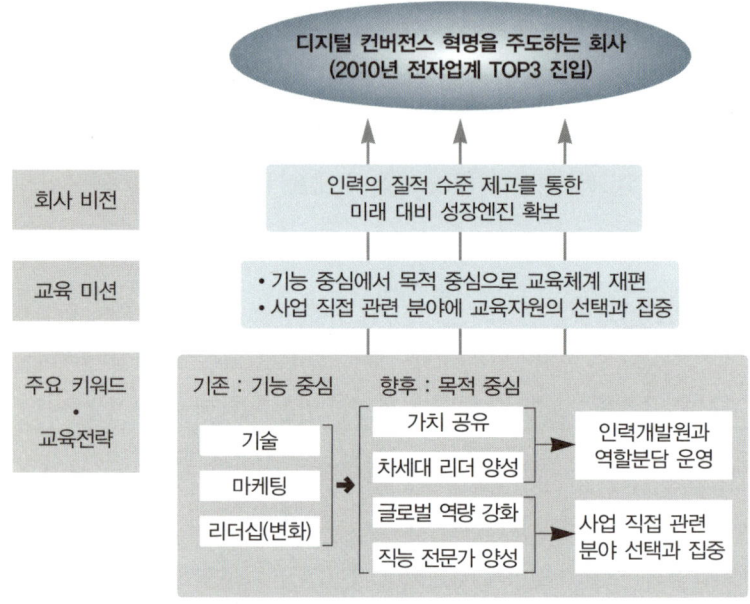

삼성생명의 경우, 추구하는 바는 2010년 글로벌 종합 금융서비스 회사
가 되는 것이다. 이 비전을 달성하기 위해 오른쪽 표와 같이 네 가지 전
략을 설정하였다. 또한 삼성생명은 글로벌 중심의 인재양성 전략을 가
지고 공유가치 중심의 신뢰강화와 조직문화 구축, 직무 전문성 제고를
통한 금융전문가 양성, 글로벌 리더 양성을 통한 기업경쟁력 강화를 꾀
하고 있다. 삼성전자의 목표와 유사하나 접근방법은 완전히 다르다. 하

| 삼성생명의 인재양성 전략 모델 |

비전	2010년 글로벌 종합 금융서비스 회사

인재상	인적 자원 경쟁력 강화
	기본 역량과 직무전문성을 갖춘 글로벌 프로 금융인

필요역량	기본역량	리더십역량	직무역량	글로벌역량
	공유가치 조직문화	리더의 R&R에 다른 핵심역량	직무 전문지식 종합 금융지식	외국어역량 글로벌 마인드

조직문화	활기찬 자기주도형 학습문화 구축 [자립형 인재양성]

양성 포인트	핵심가치 중심 기본교육 강화	리더십 진단 리더십 교육	금융지식 교육 직무전문교육 직무자격취득	어학자격 취득 외국어 활용력 해외교육/연수

지만 최종적인 목표를 달성하기 위해 나아갈 방향은 비슷하다. 이는 목표에 근접하기 위한 교육의 프로그램을 삼성인력개발원의 협조를 받아 만들고 있어, 표준적이고 공통적인 부분은 교육 내용을 함께 공유할 수 있기 때문이다. 삼성생명은 교육을 할 때 설계사를 포함한 전 계층의 직원들을 한곳에 모아 교육하지 않는다. 그 분야에 자격이 되는 사람만 들어오게끔 한다. 선택과 집중으로 교육이 이루어지는 것이다. 하

지만 전 직원을 대상으로 한 교육이 아예 없는 것은 아니다. 가치(Value)는 위에서 내려오는 것이지만 실천되는 곳은 현장이다. 그렇기 때문에 가치 교육은 철저하게 현장에서 직원 전체를 대상으로 교육하고 있다.

자기주도형 학습과 사이버 교육 확산

삼성 인재양성의 메카는 인력개발원이지만, 정보화 시대의 또 하나 산실로 떠오른 곳이 멀티 캠퍼스다. 멀티 캠퍼스는 당시 사장이었던 남궁석 의원이 마이크로소프트 사를 방문한 후 삼성도 정보화 교육의 장을 마련해야 한다는 건의를 이건희 회장이 받아들여 만들어졌다. 정보화 시대의 새로운 교육 흐름은 사이버 교육이다. 삼성인력개발원이 인성을 키우는 현장 수강형 교육이라면, 멀티 캠퍼스는 정보화를 위한 사이버 중심의 교육이다. 사이버 교육은 삼성인력개발원에서 강의한 내용을 기초로 인성교육, 직능교육, 정보화 교육 내용을 인터넷을 통해 교육하고 있다. 이 교육은 삼성 그룹은 물론 타 그룹에서도 많이 활용하고 있다. 일종의 지식 산업인 것이다.

멀티 캠퍼스는 삼성 그룹의 정보 인프라 교육연수원으로 건설에만 7백억 원이 넘게 투자됐다. 삼성건설이 소유하고 있는 부지를 삼성SDS가 매입한 것도 정보 인프라 구축 계획에 따른 것이다. 2002년말 현재 삼성 임직원 가운데 9만 5천 명이 각종 정보화 관련 자격증을 보유하고 있다. 멀티 캠퍼스에서는 주로 정보화 강의를 하지만 자체적으로 온라인 교육과 위성 교육도 하고 있다. 때때로 국제 회의를 유치하기도 한다. 김대중 정부 시절에는 정부에 있는 고급 공무원의 정보화 교육의 산실이었고, 1천여 명이 넘는 주부들의 인터넷 경시대회를 주최한 곳도 바로 여기 멀티 캠퍼스이다.

최근에는 사이버 상의 교육 프로그램도 신설되었다. 인터넷 비즈니스 성공전략, 글로벌 경영, 비즈니스 매너, 알기 쉬운 시사경제, 퍼포먼스 영어 등 40여 가지가 되는데, 직원들은 각자 필요한 교육 프로그램을 선택하여 수강하면 된다.

| 자기 주도형 학습 강화 |

직원 자신의 시장가치를 높이는 자기 주도형 학습 체계 도입
• 경영의 다양화, 복잡화, 전문화 등으로 개인의 자기계발 책임과 중요성 고조
• 조직은 자기계발의 가이드라인을 제시, 개인별 맞춤형 연수 프로그램 제공

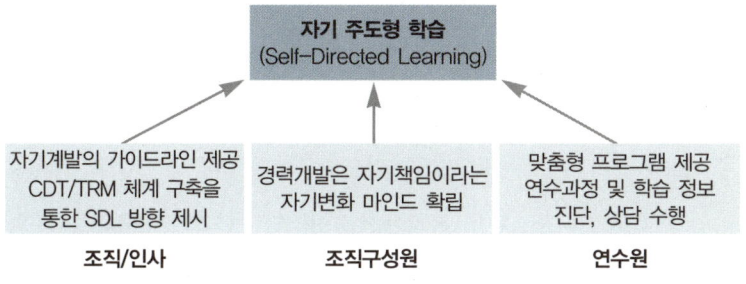

* CDP : Career Development Program, TRM : Training Road Map

삼성의 글로벌 인재육성과
여성인력 활용

삼성은 글로벌 인재육성의 장

글로벌 기업이 국적을 가리지 않고 기업에 필요한 인재를 채용하는 것은 당연한 일이다. 삼성의 경우에도 30여 년 전 '일본인 고문'의 채용을 시작으로 글로벌 인재 영입을 추진한 바 있다. 특히 삼성은 다른 나라 국적의 인재를 채용함에 있어 문화의 다양성을 인정할 뿐만 아니라 삼성맨이 가져야 하는 기본적인 품성과 역량을 교육하고 강화하는 데도 국내 사원과 차이를 두지 않는다. 비록 외국인이라도 삼성맨이라는 긍지로 무장하여 업무에 나설 수 있도록 하고 있다. 삼성은 현재 국내 사업장에만 일본인 220명, 러시아인 90명, 인도인 70명, 중국인 60명, 미국인 40명 등 최소 500여 명의 다양한 국적을 지닌 인재들을 채용하고 있다.

이건희 회장의 인재경영 안에는 우수한 외국인 인력을 영입하는 것도 들어있다. 삼성 최초의 외국인 인력인 일본인 고문 영입에는 이건희 회장이 직접 나섰고, 구 소련이 붕괴되었던 1990년대 초반에는 기초과학 기술이 뛰어난 구 소련의 기술자들을 영입하기 위해 '기술사업위원회'까지 만들어 우수인력 확보에 열을 올렸다. 지금도 삼성은 외국인 핵심인력 확보를 위해 IT 강국인 인도와 이공계 인재의 보고인 중국 등 세계 각국으로 정보망을 펼치고 있다. 1995년부터는 우수한 글로벌 인재 확보를 위한 제도가 더 발전하여 중국, 러시아, 인도 등에 있는 일류 대학의 이공계 상위 5%를 대상으로 아무런 조건 없이 학비를 지원하고 있다.

국제화 교육의 시작, 어학생활관

글로벌 경영을 위한 삼성의 외국어 교육은 매우 강력하다. 삼성은 일찍부터 글로벌 경영을 위해 외국어에 대한 분명한 전략을 가지고 있었다. 그러나 이 전략은 단순히 외국어를 잘하는 데만 목적이 있는 것은 아니다. 외국어를 잘하고자 하는 목적은 해당 언어권과 의사소통을 원활히 하여 회사에 이익을 가져다주기 위함이다. 이 근본적인 목적을 달성하기 위해 삼성은 다음과 같은 과정으로 외국어 교육을 실시하고 있다.

먼저 신입사원들에게 외국어 테스트를 하여 자질을 평가한다. 테스트에서 일정 점수 이상을 받은 사원은 외국어 생활관에 입소시켜 3개월간 체계적인 외국어 교육을 시킨다. 이들 중 뛰어난 사람은 지역전문가로 선발해 해당 언어권으로 파견한다. 이 과정을 통해 언어적 능력을 향상시키고 해당 지역에 대한 완벽한 전문가로 양성된다. 지역전문가 과정을 우수하게 마치면 주재원으로 파견한다. 주재원 과정이 끝나면 주재원을 통해 얻은 지식이 사장되지 않도록 연관된 부서로 배치하여 업무의 연속성이 유지되도록 한다. 이러한 장기적이고 일관성 있는 전략을 통해 외국어 교육을 필요한 업무로 연결시켜 효율성을 증대시켜나가는 것이다.

삼성의 국제화 교육은 주로 용인에 있는 삼성인력개발원에서 진행된다. 고 이병철 회장 때 지은 호암관 전체가 외국어 교육을 위해 쓰이는데, 이 생활관은 국내에서 가장 큰 규모를 자랑하는 연수원이다. 여기서 혹독하다는 삼성의 외국어 생활관 3개월 과정을 살펴보자.

일단 연수원에 입소하면 한국말은 한마디도 하지 못한다. 들어가는 첫날 단 3시간만 한국말을 할 수 있다. 그 후로 한국말을 하면 동료들, 선생님, 진행자들이 경고를 하고 3회 이상 경고가 누적되면 연수원을 나가야 한다. 연수원 생활 역시 녹록한 것이 아니다. 원어민과 대화하며 언어를 익히는 교육이 줄을 잇고 평가 역시 집요하게 계속된다. 연수원에 있는 3개월 동안 하루 3시간 잠자기도 쉽지 않은 고단한 훈련이 계속되지만 참가자들의 열의는 대단하다. 성적 우수자에게는 1년간 지역전문가로 파견되는 특전이 주어지기 때문이다. 지역전문가는 엘리트 승진 코스의 하나이기 때문에 좋은 성적을 받기 위해 모두들 최선을 다한다. 이렇게 3개월 과정을 마치고 나면 지역전문가에 뽑히든 뽑히지 않든 참가자 대부분의 언어 능력은 입소 때와 비교해 놀랍도록 향상된다.

성적이 우수한 사람들은 1년간 지역전문가로 파견된다. 앞서 지역전문가의 고단한 여정을 잠시 설명한 적이 있지만, 1년 동안 고단한 지역전문가 과정을 잘 마치고 돌아오면 이들 중 성적 우수자를 다시 뽑아 5년간 해외주재원 생활을 하게 한다.

필자 역시 이 제도의 수혜자 중 하나다. 1993년 5월, 반도체 사업을 본격화할 목적으로 인텔, 샤프 같은 선두기업에 연수 보내기 위해 직원을 선발했는데 이때 필자도 어학생활관 2기로 일본어 과정에 들어갔다. 약 2년간 사내 어학 과정을 아침마다 들어 간단한 일본어는 구사할 수 있었지만 실제 일본인과 직접 대화하는 것은 불가능했다. 그러나 연수원의 3개월의 과정을 마치자 어느 정도의 일본어 대화는 물론, 일본 문화에 대해서도 많은 부분 이해할 수 있게 되었다. 그리고 그것이 바탕이 되어 일본법인 주재원으로 발령을 받아 현지 적응뿐 아니라 주어진 업무를 효율적으로 처리할 수 있었다.

국제 경쟁력을 높이는 MBA 제도

1995년 3월, 이건희 회장의 강력한 의지로 한국과학기술원(KAIST)에 국내 최초로 테크노 경영대학원이 설립되었다. 이건희 회장은 1990년 초부터 테크노 MBA에 많은 관심을 가지고 있었는데, 이는 국내의 인력 구조가 기술자는 경영을 모르고 경영자는 기술을 모르는 이원화가 심화되어 있었기 때문이다.

때는 바야흐로 중국이 신흥 경제대국으로 떠오르는 1990년. 이건희 회장은 다가오는 10년 안에 삼성이 기술을 선도하는 일류 기업으로 도약하려면 기술과 경영을 모두 아는 인재들이 회사를 이끌어가야 한다고 생각하고 있었다. 이에 기술과 경영을 모두 아는 인재를 육성하는 테크노 MBA 제도를 시행하도록 지시했다. 하지만 회장의 지시임에도 이 제도의 도입은 생각만큼 쉽지 않았다. 당시의 국내 상황은 이공계 기피 현상이 심화되면서 산업별 인력 수급이 구조적으로 불균형해졌고, 인력의 수도권 집중화로 지방의 과학기술 인력난은 상상을 초월할 정도였다. 인재 구하기가 하늘에 별 따기만큼 힘들던 시기다. 아무리 회장의 지시라고는 하나 사람 한 명 한 명이 귀한 때, 일 잘하는 전문 인력을 빼내 2년 동안 공부시키기란 쉽게 받아들이기 힘든 일이었다. 그래서 테크노 MBA 제도 시행은 차일피일 미뤄지고 있었다.

"이공계 인력 육성을 그렇게도 강조했는데 아직 시행하지 않고 있습니까? 과학기술원(KAIST)과 협의하세요. 중국이 몰려오고 있어요. 중국 지도부의 70%는 이공계 출신입니다."

1995년 이건희 회장은 현명관 당시 비서실장에게 전화를 걸어 이같이 말했다. 더 이상 '테크노 MBA' 도입을 미룰 수 없었다. 이건희 회장은 테크노 MBA에 선발된 직원들의 인사 자료를 직접 챙겨볼 정도로 테크노 MBA에 대한 의지가 강력했다.

이렇게 해서 한국과학기술원에 테크노 경영대학원이 설립되었다. 당시 심상철 한국과학기술원 원장은 재정과 학생 문제로 테크노 경영대학원 설치가 힘들다는 입장이었다. 이공계 기피 현상과 인력난으로 사람이 귀하던 때였고, 기술쟁이가 경영까지 알아야 한다는 다양성이 받아들여지지 않아 학생 수급에도 문제가 있었다. 이에 삼성은 테크노 경영대학원의 설치 비용과 학생 50%를 보내주는 조건으로 설립을 확정지었고 약속대로 1995년 3월 설립된 테크노 경영대학원에 1백 명의 과장급 직원들을 보내 차세대 리더 육성을 시작했다. 테크노 경영대학원 교육은 기술과 경영 모두를 이해하는 산업 현장의 지도자 육성 프로그램으로 전일제 석사학위 과정이다. 이공계 출신 입학생들은 MBA로서 갖추어야 할 경영 분야의 주요 과목들을 이수한 후 기술경영, 마케팅, 벤처, 재무, 정보통신, e비즈니스 등 6개 세부 과목을 이수해야 한다.

상경 계열의 입학생들은 기술, 생산 분야의 교육을 집중적으로 이수한 후 국제생산경영, 기술경영 및 전략, 기술 혁신 관리, 신기술 동향, 하이테크 경영, 신상품 경영, 서비스 운영 전략 등의 세부 과목을 이수해야 한다. 모두가 전문성을 강화하기 위해서이다.

당시의 여건으로 보면 이러한 조치가 매우 무리한 상황이었고 너무 과한 전략이 아니었을까 생각되기도 한다. 하지만 이건희 회장은 그때 이미 세계 1위의 IT 삼성을 꿈꾸고 있었던 것 같다. 이러한 프로그램이 조기에 정착될 수 있도록 강력하게 지원했으니 말이다. 이러한 조치는 KAIST의 테크노 경영대학원뿐 아니라 해외 상위 20위권 이내의 대학에 우수 직원을 유학 보내 MBA를 이수하게 하는 등 폭넓게 진행되었다. 이 조치들로 혜택받은 테크노 MBA 이수자들이 오늘날 기술의 삼성을 만드는 초석이 된 것은 당연하다.

삼성이 추진했던 테크노 MBA 제도는 이제 21세기 초일류 기업의 초석이 될 차세대 핵심인력을 발굴하고 육성하기 위한 삼성의 전문인력 육성제도로 발전되고 있다. 삼성은 기존에 추진하던 MBA 과정 외에도 지역전문가 과정, 21세기 리더 과정, 21세기 CEO 과정 등을 통해 미래 경쟁력에 항상 한발 앞서 대비하고 있다.

여성인력 활용은 제2신경영의 축

"미래에는 여성인력을 안 쓰면 망한다."

여성인력의 활용을 강조한 이건희 회장의 말이다. 이건희 회장은 모성애에서 나오는 용기와 끈기는 상상을 초월한다고 믿고 있다. 또한 21세기는 창의성과 감성의 시대인 만큼 여성의 감성이나 꼼꼼함 등이 절실하다고 판단하고 있다. 삼성은 이건희 회장의 지시에 따라 1992년 여자대학 졸업자 공채 1기를 뽑았다. 이건희 회장은 여성인력을 남성보다 강하게 키우기 위해 출장부터 당직까지 남성과 똑같이 시켰다. 그리고 결혼이나 출산을 해도 계속 근무를 하는 것을 당연히 여기는 분위기로 만들라고 늘 강조했다. 이에 따라 여직원들은 당시 당연시 여겼던 유니폼을 입지 않게 되었다.

삼성의 여성인력 활용은 단순히 생색내기나 배려의 차원이 아니라 인재육성을 위한 한 축이다. 제품개발, 기획, 마케팅, 구매 등의 부서에 여성인력을 전진 배치하고, 입사나 승진 때의 불이익을 없앴을 뿐 아니라 전문 분야에서 능력을 발휘하는 여성들은 과감하게 임원으로 발탁했다. 2006년 여성 3명이 임원으로 승진된 것은 제도를 정비하고 여성들이 충분히 능력을 발휘할 수 있도록 여건을 마련해준 덕분이다. 또한 여성인력 활용을 위해 회사 내 탁아소를 운영하고, 산전·산후 휴가에 있어서도 충분히 배려를 하고 있다.

하지만 남성 중심의 회사운영을 하던 계열사들이 이러한 조치를 처음부터 모두 환영한 것은 아니다. 여전히 남성 중심의 인력 계획이 팽배했을 때 이건희 회장은 인사팀장을 불러 여성인력을 뽑아야 하는 세 가지 이유를 조목조목 설명해 전파토록 지시했다.

첫째, 남성에게는 없는 여성의 감수성이 보완되어야 세계 경쟁에 뛰어들 수 있다.
둘째, 사회적인 편견을 무릅쓰고 활용할 우수 여성인력이 많다.
셋째, 여성 노동력이 첨부되어야 국가 또한 경쟁력이 생긴다.

이건희 회장의 특별지시가 있은 뒤 실무진은 여성인력의 수급 현황을 파악, 신규 채용 인력 가운데 20% 이상을 여성으로 뽑고 육아시설도 더 늘리는 등 서둘러 제도적인 지원책을 마련했다. 그러나 20%에도 성에 차지 않았던 이건희 회장은 여성인력을 30% 이상 뽑으라고 강력한 메시지를 전달했다. 구조조정본부와 각 계열사 인사팀은 적잖이 당황했다. 매년 15% 안팎 수준에 머물던 여성인력 비중을 30%까지 높일 만큼 대졸 신규 채용 인력 가운데 우수한 여성 인재가 있는지 의문이었다.

구조조정본부와 경제연구소에서는 여성인력 활용 실행안을 만들기 위해 TF를 조직하여 IBM, GE, 딜로이트, 코닝, HP 등 선진기업을 벤치마킹했다. 그 결과물이 〈그룹 여성인력 현황 및 활용도 향상 방안〉이란 보고서다. 이뿐만이 아니다. 구조조정본부는 조선과 같은 이른바 하드한 분야에까지 여성인력을 과감히 뽑으라는 이건희 회장의 지시에 따라 계열사 자체적으로 관리하던 여성인력 비중을 실시간으로 체크하기까지 했다.

"삼성전자의 대졸 여성인력 채용 비율을 30%까지 끌어올리겠다."

윤종용 삼성전자 부회장은 2006년 9월 27일 서울 역삼동 한국기술센터에서 공학한림원이 뽑은 차세대 리더 대학생 70명과 간담회를 하면서 이같이 밝혔다.

"지난해 삼성전자가 뽑은 인력 중 여성 비율은 23% 정도였다. 삼성전자는 1993년 이후 평균 10% 이상의 비율로 대졸 여성 인력을 지속적으로 채용해 왔으며, 현재 여성 임원 수는 3명이지만 점차 많아질 것이다."

윤종용 부회장의 이야기를 들으면 여성인력 채용과 적극적 활용은 이제 확실히 자리잡아가고 있다는 것을 느끼게 된다.

여성인력 활용이 처음부터 순탄했던 것은 아니다. 당시 여성의 직장 생활은 '대학 졸업 후 결혼하기 전까지 지내는 곳'이라는 개념이 일반적이었다. 출산을 위한 휴가는 업무의 큰 공백으로 생각했고, 기혼여성들의 출장, 휴가 등에 대해서도 세심한 지원을 베풀지 못했다. 심지어는 때가 되면 알아서 사직서를 내주기 바라는 경우까지 있었다.

그러나 이건희 회장의 여성 활용에 대한 생각을 꺾을 사람은 아무도 없었다. 게다가 회사의 지원 정책이 서서히 결실을 거두어 채용된 우수 여성인력들이 마케팅, 디자인, 영업기획, 상품기획 등 다양한 분야에서 두각을 나타내기 시작했다. 특히 1994년 학력, 성별 차별 철폐를 골자로 하는 '열린 인사개혁안'은 우수 여성인력 확보와 여성인력의 능력을 극대화시키는 계기가 되었다. 이 개혁안은 채용 때 성 차별을 완전히 없앴을 뿐만 아니라 월급 체계도 남녀 똑같이 적용한 것으로 그 당시로서는 획기적인 제도였다. 같은 직급에서 남성의 70~80%밖에 받지 못했던 여성의 임금 수준이 한꺼번에 올라가면서 회사 내부적으로는 인건비 상승률이 수십 퍼센트에 이르렀다.

삼성의 대졸 여성인력은 2004년을 기준으로 전체 임직원 중 11%인 6천 9백 명이 되었다. 이건희 회장의 지시에 따라 신규 채용시 여성의 비율을 30%로 늘린 결과이다. 이들 우수 여성인력은 연구개발분야에 1,800명(27%), 경영지원 분야에 1,770명(26%), 기술 분야에 1,350명(20%), 마케팅 분야에 1,300명(19%)이 일하고 있다. 특히 연구개발, 기술, 디자인 분야에서, 여성 채용이 늘어나 이공계 출신이 전체 여성인력의 63%(4천 3백 명)를 차지하고 있다. 석·박사 출신도 1천 5백 명이나 된다. 삼성전자는 전체 여성인력의 58%가 연구개발 분야에서 근무하고 있다.

여성임원 역시 꾸준하게 늘어나고 있는 추세다. 현재까지 9명의 여성임원이 배출되었다. 미국 루슨트 테크놀로지사 출신의 홈네트워크 전문가인 이현정 상무보(삼성전자)와 이탈리아 루이자베카리아 사 수석 디자이너 출신인 이정민 상무대우(제일모직), 하버드대 박사 출신으로 고객관리 전문가인 박현정 상무보(삼성화재)는 삼성 여성임원 1호이다. 최인아 상무대우는 2000년 초 이사가 되면서 첫 공채출신 여성임원이라는 기록을 남겼으며 2007년 1월에는 전격적으로 전무로 승진, 삼성 여성파워의 주역으로 활약하고 있다. 이 밖에 변호사 출신인 김은미 삼성카드 상무(준법감시 실장)와 이정숙 삼성증권 상무도 임원 대열에 포진되어 있다.

세계가 부러워하는
지역전문가 제도

10년 후를 내다본 투자, 지역전문가

삼성이 다른 기업과 달리 독특하게 갖고 있는 글로벌 인재 양성제도 가운데 하나가 앞에서 언급한 바 있는 '지역전문가' 제도다. 수년 전 GE의 밥 코코란 크로톤빌 연수원장은 삼성 그룹 구조조정본부를 찾았다. 불과 몇년 전만 해도 GE의 시스템을 따라하던 삼성이 어떻게 비약적인 발전을 했는지, 그 성공비결을 탐색하기 위해서였다. 브리핑을 받은 코코란 연수원장의 결론은 삼성의 성공 핵심비결은 10년 후를 내다보고 직원 1명당 수억 원을 투자하는 지역전문가 제도와 같은 것이 있기 때문이라고 견해를 밝혔다.

지역전문가 제도는 이건희 회장이 후계자로 임명된 후 부회장으로 재직하던 1970년대에 언급한 내용으로 역사가 길다. 하지만 당시에는 그리 큰 반향이 없었다. 1987년 회장에 취임한 후 이건희 회장은 이 제도를 시행하려 했으나 많은 난관에 부딪쳤고, 1989년에야 비로소 소극적으로라도 제도가 시행되었다. 본격적인 시행은 1993년 이건희 회장의 삼성 신경영 선언 이후다.

이건희 회장은 삼성이 지역전문가 제도를 빨리 시행했더라면 그 효과가 더 컸었을 텐데, 늦게 시작하는 바람에 기회 손실이 10조 원은 됐을 거라고 안타까워한다. 그만큼 이 제도에 대해 애착을 가지고 있는 것이다.

정부도 삼성 지역전문가 제도 도입

지역전문가 제도를 언급할 때 삼성은 동남아 시장을 대표적 성공사례로 꼽는다. 이에 대해 삼성인력개발원 고위 관계자는 이같이 말했다.

"소니와 파나소닉 등 일본 가전업체의 '안방'이던 동남아 가전시장에서 이제 삼성은 컬러 텔레비전과 양문형 냉장고 등에서 1위이다. 이러한 성과는 능숙한 현지어 구사 능력에다 지방도시의 골목골목까지 꿰뚫고 있는 320여 명의 동남아 지역전문가가 있어서 가능했다."

지난 2000년부터 지역전문가들이 보내는 정보는 삼성 내부 사이트에 공개되어 전 직원들이 언제든 찾아볼 수 있게 되었다. 지역전문가들이 보내오는 자료는 내용면에서도 매우 충실하여 요즘은 한 달에 페이지뷰(열람건 수)만 해도 100만 건이 넘을 정도로 삼성의 많은 부서들에게 중요한 정보의 원천이 되고 있다.

지역전문가 제도의 목적은 문화적인 차이를 뛰어넘어 현지 사람처럼 생각하고 행동할 수 있는 완전히 현지화된 삼성인을 양성하는 데 있다. 지역전문가 제도는 그 형식부터 파격적이다.

지역전문가로 선발된 사원은 모든 업무로부터 해방되어 아무런 조건 없이 6개월 내지 1년간 자신이 선택한 나라에서 자유롭게 활동, 현지인과 생활하게 된다. 학교나 연구소에 등록할 필요도 없고, 현지 지사에 출근할 의무도 없다. 그저 그 나라의 구석구석을 맘대로 돌아다니면 된다. 다만 해외 체류 중간중간에 직접 몸으로 부대끼며 체득한 내용을 자유로운 형식으로 회사가 지급한 노트북과 디지털카메라에 담아 사내 인터넷에 띄워야 한다. 성과에 대한 압박을 없애고, 현지를 가장 잘 이해하고 그 문화를 온몸으로 느끼도록 함으로써 해당 지역의 정서와 정보를 정확히 체득하게 하려는 것이다.

1990년대부터 본격적으로 시행된 지역전문가 제도는 그동안 많이 발전하여 지역전문가 양성을 위한 국제화 프로그램도 별도로 마련되었다. 국제화 프로그램은 국제화 교육 부문과 외국어 교육 부문으로 나뉜다. 국제화 교육 부문은 해외 사업을 운영하고 있는 관리자나 현지로 파견될 주재원 등을 위해 지역연구 과정 등 6개 과정이 운영되고 있다. 또 영어, 중국어, 일어, 독어, 러시아어, 인도네시아어, 스페인어, 포르투갈어 등 8개국의 언어 및 문화를 이해할 수 있도록 12주 과정도 운영하고 있다. 최근에는 해외에서 채용한 인력을 국내에서 교육해 다시 현지로 파견하는 역(逆) 지역전문가 제도도 실시하고 있다 삼성SDI의 경우 2003년부터 '한국전문가과정(KEC)' 을 실시하고 있다. 이 프로그램은 해외 법인을 현지화시키기 위해 5년 이상 근무한 중간 관리자급 현지 직원들을 국내로 데려와 10개월 동안 생산, 인사, 개발, 혁신 등 업무 지식과 함께 한국어와 한국의 전통문화를 교육하는 과정이다. 현재까지는 헝가리를 비롯한 유럽 지역, 중국, 멕시코, 브라질 법인에서 선발된 직원들이 강도 높은 교육을 받아왔으며, 앞으로 중장기적인 계획으로는 중국, 말레이시아, 독일, 헝가리, 멕시코, 브라질 등 6개국 12개 해외법인에서 일하는 우수 인력 대부분을 이 프로그램에 참가시킬 예정이다.

외교통상부 산하의 외교안보연구원도 삼성이 실시하는 지역전문가 양성 프로그램을 벤치마킹하고 있다. 정부의 '세계 지역연구 강화 및 전문가 육성대책' 에 따르면 세계 지역별 연구를 강화하고 해당 전문가를 체계적으로 양성·관리하기 위해 정부는 지역 연구 총괄기구로 대외경제정책연구원(KIEP)의 '세계지역연구센터' 를 개편하고, 국무조정실장을 위원장으로 하여 정부연구기관, 기업, 민간전문가로 구성된 '지역연구지원위원회'를 운영키로 했다. 이는 세계 주요지역과 신흥산업 국가들(BRICs)에 대한 국가 차원의 대응 전략을 마련하기 위해 반드시 필요한 조치라 할 수 있다. 또 지역연구에 대한 정보를 공유할 수 있도록 세계지역연구센터와 지역연구지원위원회를 현지 대사관을 중심으로 상호연계토록 했다. 특히 전문인력 양성을 위해 세계지역연구센타 내에 1~2개월 과정의 정기적인 교육·연수 프로그램 등을 운영하고, 지역관련 전문대학원과 관련학과를 지역별로 특성화해 경쟁력 있는 지역전문가를 육성할 방침이다.

20여 년 동안 60여 개국 파견한 지역전문가 제도

삼성은 지역전문가 제도를 통해 지난 20여 년 동안 64개국, 7백여 개 도시에 3천 5백 명의 직원을 내보냈다. 지역전문가 1인당 평균비용이 급여 이외에 1억 원 안팎이므로, 그동안 약 3천억 원을 형식적으로는 '놀고 먹는' 데 쓴 셈이다. 그러나 지역전문가 제도에 대한 투자 효과는 점점 막강한 위력을 발휘하고 있다. 우선 삼성은 돈 주고도 구하기 어려운 방대하고 촘촘한 지역정보와 그 정보를 활용할 수 있는 우수인력을 확보하게 되었다. 60여 개국, 7백여 개 도시의 생생한 정보를 담은 리포트만 해도 8만 건, A4용지로 4만 장 분량이다. 사진도 10만 7천 건이 쌓였다. 파라과이에서 술 마시기 좋은 곳, 미국에서 주택 싸게 얻는 법 등은 물론 현지 국가에서 사귄 인맥, 외국 정부 부처의 승진 시스템 같은 정보도 망라되어 있다. 삼성 주재원들이 경쟁사보다 한발 앞선 위치에서 출발하는 것도 바로 이런 정보 때문이다. 특히 중국과 인도 등 신흥시장에 대한 정보는 가히 막강하다 할 만하다.

지역전문가의 파견지를 국가별로 살펴보면, 지난 14년간 중국이 650명으로 가장 많았고, 일본 510명, 미국 450명, 영국 142명, 러시아 100명 등의 순이다. 최근엔 신흥시장인 인도와 러시아에 집중하고 있다. 2006년에는 중국(146명), 인도(21명) 등 신흥 전략시장에 70% 이상의 직원을 내보냈다. 요즘에는 지역전문가 과정을 '주니어 지역전문가' 제도와 '시니어 지역전문가' 제도로 나누어 시행하고 있다.

'주니어 지역전문가' 제도가 기존의 지역전문가 제도라면 '시니어 지역전문가' 제도는 부장급 이상의 임원들을 대상으로 한 것이다. '시니어 지역전문가' 제도는 25명의 임원과 70명의 부장급 등 총 95명 규모로 시행되었다. 기존에 실시했던 '21세기 리더 과정(부장 대상), 21세기 CEO 과정(임원 대상)을 통합하고 확대한 것이다. '주니어 지역전문가' 제도가 대리나 과장들을 대상으로 어학 연수와 자유로운 지역연구 활동에 주안점을 두고 있다면 '시니어 지역전문가' 제도는 이 밖에 국제 경영 감각, 해당 지역의 적응 능력, 테마 연구, 글로벌 인적 네트워크 구축 등에 중점을 두고 있다.

지역전문가의 파견절차와 근무원칙은 다음과 같다.

| 지역전문가 파견절차와 근무 원칙 |

- 6개월에 한 번 귀국
- 일당은 주재원 수당의 50%
- 가족 방문 금지
- 해당 국가 전국여행 지원
- 업무 배제
- 철저한 지역 연구
- 어학 능력 향상을 위한 외국어 능력 시험 검증

원칙	내용
원칙 1 : 지역전문가 양성 중장기 계획	각사 업종별로 국제화 추진의 완급을 감안해 A, B, C 급으로 나눠 중장기 계획을 세운다.
원칙 2 : 파견 지역 선정	국제화 및 현지화 추진 계획에 따라 국가별 파견 계획을 수립한다.
원칙 3 : 양성 대상자 사전 선별	신입사원으로 입사 후 1년이 지난 사람들을 대상으로 하여 어학, 근무태도 등을 평가, 양성 대상자를 가려낸다. 입사 2년차가 되면 자격 기준을 재심사해 개인에게 통보하여 기본적인 어학, 지역정보 연구, 여권 및 비자, 운전면허 등을 미리 준비하도록 한다. 이후 입사 3년차가 되면 독신 파견 지역전문가 양성 대상임을 알려준다.
원칙 4 : 파견전 확정	미리 양성된 대상자 가운데 입사 3년차가 되면 파견하는 게 원칙. 지역전문가 준비교육 과정(인력개발원 주관)을 수료한 뒤 파견된다.
원칙 5 : 현지 연수 활동	하숙이나 자취 등 숙소를 정하도록 하고 월 1회 해당 지역 책임자에게 연수활동 현황을 보고한다. 연수 중 지점에서의 업무 보조는 최소화해 지역연구에만 전념하도록 한다.
원칙 6 : 귀임 후 양성	임무가 끝나면, 파견자들은 체험한 현지 경험을 정리해 보고서를 작성하고 귀국 보고회를 갖는다. 지속적인 어학 교육과 학력 관리 등으로 나중에 해당 지역 주재원으로 파견되거나, 국내에서 해당 지역 비즈니스를 담당할 때 유능한 지역전문가가 될 수 있도록 제도적으로 육성한다. 이를 위해 임원으로 승진할 때까지 상사는 매 분기 1회 양성 보고서를 작성해 인사부에 제출하고 인사부는 매 반기 1회 정기 면담을 실시해 해당 지역에 주재원으로 파견되면 언제든지 본인의 능력을 최대한 발휘할 수 있도록 꾸준히 관리한다.

삼성의 한 방향 문화와
핵심가치 전략

삼성의 경영이념과 철학의 변천

이창우 성균관대 명예교수는 고 이병철 회장이 가장 아끼던 사람 중 한 사람이었고 삼성 그룹에서 25년간 자문역을 했던 분이다. 그가 지은 《기업 경영의 기본, 다시 이병철에게 배워라》는 삼성을 창업한 호암 이병철 회장의 경영철학을 통해 경영자들이 반드시 알아야 할 경영법칙을 소개하고 있다.

이 책에 의하면 고 이병철 회장은 '사람'이 사업의 성패를 결정한다고 생각했다. 그래서 사람을 뽑는 일에 대단한 노력을 기울였다. 채용을 위해 적성검사를 최초로 도입하고, 면접을 몇 단계로 나눠 진행하기도 했다. 또 아랫사람의 힘을 잘 빌릴 줄 알아야 한다고 생각했다. 사장이 모든 일을 처리할 수는 없으므로 적재적소에 적합한 사람을 배치하고, 그 사람의 단점을 보완할 수 있는 사람을 같이 발령했다. 이렇게 배치된 직원은 사업의 핵심을 파악하고 성과를 내야 한다고 강조했다.

음식점 주인은 모름지기 새벽에 일어나 시장에 가서 음식 재료를 고르고 정성스럽게 음식을 준비하는 일을 가장 중요하게 여겨야 한다. 음식점 주인이 카운터에 앉아 돈 세는 일에만 매달리면 음식의 질이 떨어져 문을 닫아야 한다는 것이 호암 이병철 회장의 생각이었다.

관념적인 명분론이나 과시용으로 사업을 시작하는 것도 싫어했다. 10년 후에는 맞아 떨어지는 이야기라도 현재 적용할 수 없다면 그건 틀린 얘기라는 것이다. 제일모직 공장을 건립할 당시 호암 이병철 회장은 위치·기상·수질·교통 등 48개 항목에 대한 문제점과 대응책을 직접 조사해 검토했다고 한다. 사업가는 반드시 직접 확인해야 한다는 게 그의 생각이었다. 또 가만히 앉아 돈을 버는 것은 사업이 아니라고 여겼다. 그래서 적절한 경쟁을 통해 힘을 키워야 보다 장기적인 성장을 일궈낼 수 있다는 판단 아래 양조장을 그만두고 전자산업에 진출했다.

많은 기업과 사람이 경기 침체로 어려움을 겪는 지금, 이 책은 고 이병철 회장의 경영철학을 통해 '사업은 이렇게 하는 것'이라는 경영의 기본을 일깨우고 있다.

이런 이야기를 함축적으로 보여주는 것이 창립에서부터 지금까지 삼성의 정신과 경영철학을 반영하고 있는 '사업보국(事業報國)', '인재재

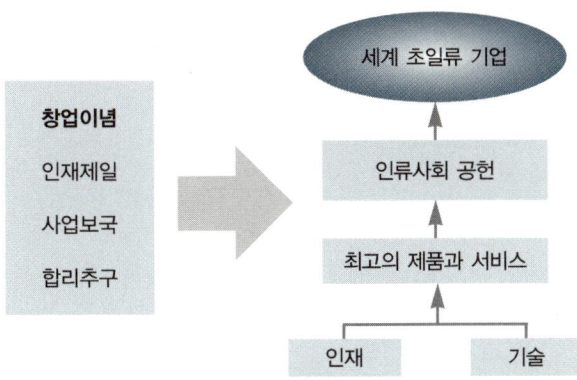

창업이념	내용
사업보국 (事業報國)	삼성의 경영이념 중 첫 번째에 해당한다. 기업을 통해 국가와 사회 더 나아가서는 인류에 공헌하고 봉사한다는 의미이다. 고 이병철 회장의 신념인 기업의 존립 기반은 국가이며, 따라서 기업은 국가 발전에 공헌해야 한다는 사상을 함축한 것이다. 삼성이 국리민복(國利民福)에 기여할 수 있는 사업을 일으키고 발전시키는 것을 사명으로 삼고 실천해온 것도 같은 맥락이다.
인재제일 (人材第一)	인재제일은 인간을 존중하고 개인의 능력을 최대로 발휘할 수 있는 여건을 만들어 그로 하여금 개인과 사회의 원동력이 되게 하겠다는 정신이다. 뛰어난 경영이념과 철학도 그것을 실천으로 뒷받침하는 사람이 있어야 하기 때문이다.
합리추구 (合理追求)	합리추구는 사업보국과 인재제일의 정신을 뒷받침하는 개념이다. 사업보국과 인재제일의 뜻이 아무리 훌륭하다 하더라도 합리성의 바탕에서 이루어지지 않는다면 그 본질마저도 훼손될 수 있다는 점에서 이치에 합당한, 즉 합리를 추구하는 경영을 지표로 내세운 것이다.

일(人材第一)', '합리추구(合理追求)' 세 가지 모토다.

지난 50여년 동안 삼성은 이러한 경영철학 아래 비약적인 성장을 계속하여 초일류 글로벌 기업으로 성장했다. 고 이병철 회장 시절의 경영철학은 국수적인 표현이 강하여 경영철학을 대내외에 공표하기가 힘들었다. 그래서 선대의 경영철학을 반영한 새로운 경영이념을 새로 제정했다.

1993년 제2창업 5주년을 기념해 전 임직원과 협력업체들이 모인 자리에서 발표한 새로운 경영이념은 '인재와 기술을 바탕으로 최고의 제품과 서비스를 창출하여 인류 사회에 공헌한다'이다. 이때 삼성의 로고 역시 확정되어, 현재까지 사용하고 있다.

삼성의 신경영 이념은 국제 사회인으로서의 사명을 알고, 자신이 가지고 있는 능력을 최대로 발휘하여, 미래를 개척하고 인류의 발전에 기여하는 창의적이고 상호 교류가 가능한 열린 사고의 인재(人材)를 키워나가겠다는 것과 인간의 행복과 인류의 풍요로운 삶을 실현해나갈 수 있는 참다운 기술(技術)을 바탕으로 단기적인 이익에 연연하지 않고 인류의 발전과 사회에 공헌할 수 있는 제품과 서비스를 만들어내겠다는 야심 찬 의지의 표현이다.

한 방향 조직문화는 핵심가치에서

2005년 삼성경제연구소는 생존을 위해서는 핵심가치가 필요하다는 〈기업 핵심가치의 재발견〉이라는 연구 보고서를 냈다.

이 보고서에는 "한국기업이 글로벌 일류 대열에 합류하기 위해서는 핵심가치를 정착해야 한다"고 밝히고 있다. 핵심가치는 한 마디로 기업 내 통일된 정신과 행동의 구심점이라 말할 수 있다.

GE의 경우 '여덟 가지 가치, 네 가지 행동(8Values, 4Actions)'을 핵심가치로 삼는다. 도요타 자동차는 '도요타 방식(Toyota Way)'을, IBM은 고객에 대한 헌신, 끊임없는 혁신, 신뢰와 책임을 'IBM인의 가치(IBMer's Values)'로 내세우고 있다.

보고서는 이를 근거로 "CEO의 철학과 회사의 전통을 기반으로 핵심가치를 작성해 구체적인 행동지침을 직원들에게 전달해야 한다"고 강조하고 있다. 특히 국내 기업들은 글로벌화, 무한경쟁, 윤리성 요구 등 급박한 환경변화에 직면해 있어 어느 때보다 핵심가치에 대한 공유와 실천이 중요한 시점이라는 지적도 빼놓지 않고 있다.

이러한 점에서 삼성은 기업의 핵심가치를 잘 설정하고 이것을 중심으로 리더십을 강화한 대표적인 사례에 속한다. 삼성은 철저한 교육으로 구성원들에게 핵심가치를 심도있게 전달하고 있다. 앞에서도 언급한 바 있지만 삼성인은 삼성의 어느 회사에 근무하든지 간에 스스로를 삼성맨이라고 부른다. 이러한 삼성의 핵심가치 전략은 입문교육과 임원 교육을 통해 엄격하고 확실하게 교육된다.

2005년 삼성은 다음과 같은 새로운 핵심가치를 새로 정립하였다. 1년 반 정도의 기간 동안 치밀하게 준비하여 핵심가치의 실천 방향과 역량 강화를 위한 모든 방안을 확정한 것이다. 지금도 이 핵심가치는 삼성 그룹과 전 세계 현지 직원들에게까지 대대적인 교육이 진행 중이다.

| 삼성 가치체계의 구성 – 핵심가치 |

	People	인재제일
	Excellence	최고지향
	Change	변화선도
	intergrity	정도경영
	Co-prosperity	상생추구

상생의 조직문화와 비노조 경영 비법

삼성의 비노조 경영 문화는 해외를 비롯한 국내 대기업들 사이에서도 '호평'을 받고 있다. 비노조 경영의 기원은 바로 삼성 창업 이후 변함 없이 지속되어 온 '노조인화론' 등 상생철학에 그 뿌리가 있다. 이 철학은 고 이병철 회장의 자서전인 《호암자전》에도 나타나 있다.

이 철학을 간략히 살펴보면, 회사는 종업원이 스스로 생활을 안정시킬 수 있도록 충분히 대우하고 편안한 직장이 되도록 최선을 다해야 하며, 임직원들은 스스로의 삶의 터전을 더욱 발전시킬 수 있도록 항상 노력하고 서로 화합해야 한다는 데 그 기본이 있다. 이런 논리가 바탕이 된 상생철학은 노사 양측이 서로 대립하기보다 공존함으로써 윈-윈을 추구해나갈 수 있는 바탕이 되고 있다.

이런 철학과 사상은 창업이념에 반영됐을 뿐 아니라 삼성의 경영이념과 인사제도로 구체화되었다. 사실 삼성이라고 해서 노사의 공존과 평화를 정착시키기까지 우여곡절이 없었던 것은 아니다. 과거 삼성 계열사 중 하나인 제일모직이 노사분규로 조업 중단을 겪었기 때문이다. 2개월간의 장기간 노사분규는 5.16 사태 직후의 어수선한 사회 분위기를 반영한 것이기는 하지만, 이때 고 이병철 회장은 노조가 있어서는 절대 안 되겠다는 생각을 하게 되었다. 그리고 1960년대 전국적 춘투로 일본 경제가 휘청하는 것을 목격하고는 노조를 초월하는 경영을 결심했다.

비노조 경영은 이제 삼성의 전통이자 문화이며 삼성 가족의 자존심이 되었다. 삼성의 비노조 경영은 임직원 개개인을 경영의 파트너로 삼는 체제에 바탕을 두고 있다. 비노조 경영은 경영체제의 일관성과 정통성 유지를 위해서라도 반드시 필요하다. 삼성은 임직원의 자존심과 심리적 안정감 유지를 위해서도 비노조 경영이 필요하다고 보고 있다. 특히 비노조 경영은 한국의 어느 그룹도 가지고 있지 못한 삼성 특유의 핵심 역량으로 삼성의 발전과 성장의 원동력이 되고 있다.

삼성이 비노조 경영을 유지할 수 있는 최고의 비결은 최고 경영층의 노사철학이다. 개인존중과 상호신뢰라는 가치에 대한 명확한 철학 말이다. 이와 함께 공정한 인사제도를 운영하는 것은 필수다. 우수인력을 공개채용하고 인사정책을 공정하게 운영해, 편견과 차별 없이 참여와 자율을 중시하는 조직풍토를 만든 것이 비노조 경영체제를 유지하는 비결인 것이다.

삼성은 또 개인에 대한 존중과 신뢰를 중시하고 열심히 일하는 사람에게는 최대한 고용안정을 보장하고자 노력하고 있다. 삼성은 또한 보상과 복리후생에 있어서도 다른 기업을 능가하고 있다. 직원들에게 지급되는 급여와 복지는 동종 업계 최고 수준이거나 적어도 경쟁 상의 우위를 가져야 한다는 것이 가장 우선적인 처우 원칙이다. 공정·공평하게 최고 대우를 보장하는 것으로 회사가 오히려 노조의 역할을 하고 있는 것이다. 이것이 바로 삼성의 비노조 경영체제가 힘을 받는 원천이다.

비노조 경영체제를 유지하기 위한 또 하나의 방편은 효율적인 피드백 메커니즘과 의사소통 프로그램이다. 이 프로그램의 일환으로 신입사원 교육 프로그램과 정기적인 개인면담, 현장 종업원들과의 정기적인 인터뷰, 관심사항 투서함 및 건의함, 직원들의 의견청취를 위한 채널 설치(핫라인 시스템) 등을 실시하고 있다.

더불어 정기적인 사기조사(태도조사, Morale Survey), 노사간담회(소집단 회의), 뉴스레터와 사보, 사이버 공개토론장, 게시판, 제안 제도, 주니어 보드 제도, 계층별 간담회, 신속한 정보공유를 위한 사내 방송, 동호회 활동, 자기신고 제도 등을 병행하여 회사와 구성원 간의 의사소통을 위해 많은 노력을 하고 있다.

이러한 노력의 결과 삼성은 세계 대기업 중에서 그 유례를 찾아보기 힘들 정도로 노사관계가 탄탄하고 협조적이다. 비교 대상이 있다면 도요타나 마쓰시다 정도 있을까? 여기엔 삼성전자의 특수성도 작용했다. 반도체 생산은 웨이퍼 가공에서 완제품이 나오기까지 하나의 공장라인에서 1개월 이상 연속 공정을 거친다. 또 머리카락의 몇만 분의 일로 가공하기 때문에 미세한 흔들림에도 생산라인은 약해질 수밖에 없다. 담배연기의 몇천 분의 일 정도인 먼지에도 품질이 낮아지는 초정밀 사업인 것이다. 이런 설비의 현장에서 노동자 중 누구 하나가 불만을 품고 모래를 한줌이라도 뿌리면 전 라인이 멈추는 것은 물론, 한 달치 물량 전부가 불량일 수밖에 없다. 이 때문에 삼성에 있어 직원들의 팀워크는 대단히 중요했다. 상호 신뢰 없이는 함께 일할 수 없었기 때문에, 이러한 업무적 신뢰의 필요성이 협조적인 노사관계에 영향을 끼친 것이다.

청결한 조직문화는 어디에서 나오는가

삼성은 청결한 조직이다. 툭 하면 각종 비리로 구속되는 사람이 많은 기업도 있으나 삼성 직원 대부분은 업무와 연관되어서는 구속될 일이 절대 없다고 자부한다. 삼성은 다른 것들에 대해서는 대체로 관대한 편이지만 부정에는 절대 관대하지 않다. 과거 필자가 근무할 당시에도 회사 돈 2만 원을 착복한 직원 두 명을 해고시킨 적이 있는데, 이는 비록 적은 액수지만 부정과 관계된 것은 어느 것 하나 관대하게 넘어가서는 안 된다는 원칙에 따른 것이다.

할 일과 하지 말아야 할 일들은 평상시 교육에서도 늘 강조된다. 예를 들어 거래처로부터 1만 원짜리 한 장을 받으면 되는지 안 되는지를 가치기준으로 교육한다. 외부에서 음료수 한 병 가져와 건네주면 받아도 되는지 안 되는지 실생활에서 쉽게 일어날 수 있는 일까지 교육 과정에 들어있다. 손님들이 이를 잘 모르고 음료수 한 박스를 들고 오다가 황당해 한 경우도 있다. 협력업체 직원들은 삼성 직원에게 작은 선물이라도 줬다간 즉각 되돌아오기 일쑤라고 말한다. 관례상 있는 술자리 접대도 통하지 않는다. 그저 원리원칙을 지키는 게 최선이다.

업무에 있어 철저하게 목표를 세우고 평가하는 것처럼, 삼성은 청결한 조직문화를 위해서도 엄격히 교육하고 필벌 역시 엄중하다. 그룹 차원에서는 구조조정본부의 감사팀이, 각 계열사별로는 감사부서가 정기 또는 비정기적으로 감사를 실시한다. 감사기법도 발전하여 옛날처럼 적발감사보다는 예방감사, 전략적 지원을 위한 감사를 주로 행한다.

삼성의 감사는 철저함과 엄정함으로 유명하다. 특히 금품과 관련되어 감사에 걸리면 끝이다. 바로 집으로 가도록 되어 있다. 청결한 조직을 지탱하는 가장 중요한 틀은 정해진 선을 넘는 행위에 대해서는 예외를 두지 않는 것이다.

삼성의 감사는 일반 기업의 수박 겉핥기식의 요식 행위가 결코 아니다. 집중적으로 추적해 끝까지 비리를 밝히는 실질 감사를 하고 있다. 감사 결과가 나오면 반박할 수 없을 정도로 치밀하고 엄정한 결과가 나온다. 감사 과정을 보고 있으면 등골이 다 서늘해질 정도. 감사의 결과는 사내의 여러 시스템이 축적한 자료가 뒷받침해주기 때문에 결과적으로 보면 직원들이 회사의 자원을 개인을 위해 함부로 전용하거나 낭비하지 못하게 할 정도로 위력을 가지고 있다. 삼성 감사실의 능력은 KBS가 자사의 감사를 삼성전자 감사실에 의뢰할 정도로 정평이 나 있다.

하지만 삼성의 감사는 적발을 중심으로 하는 사후 대책이라기보다는 사전 예방을 위한 역할이 더 크다. 비록 간 떨리게 무서운 존재지만, 눈

앞의 작은 이익에 현혹되어 더 큰 부정을 저지르지 않게 하기 위해 사전에 예방해주는 고마움도 있다고 본다.

'무능도 부정이다' 라는 말은 삼성 그룹의 감사 용어다. 승진이 양성적인 사기 진작책이라면 감사는 음성적인 업무 강화책이다. 당근과 채찍인 셈이다.

| 청결한 조직문화 형성 배경 |

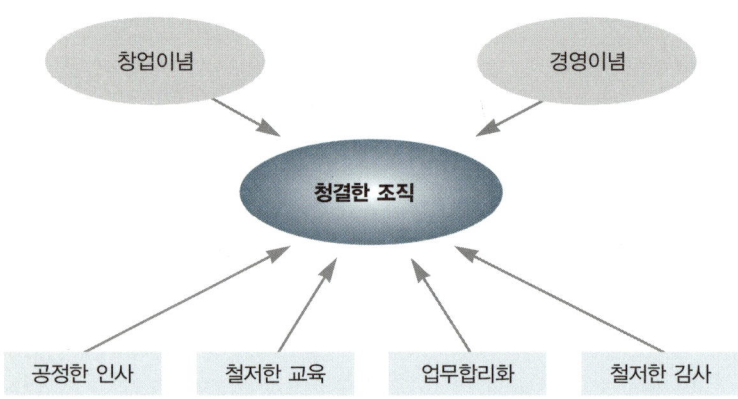

인 재 경 영 을   위 한
삼 성   따 라 하 기   10 계 명

하나, 인재 채용은 사장이 직접 나서라
둘, 인재가 없다고 탓하지 말고 키워라
셋, 경쟁을 통한 성과주의 조직문화를 구축하라
넷, 시스템에 의한 경영 시스템을 구축하라
다섯, 순혈주의를 타파하라
여섯, 조직을 파괴하라
일곱, 사람은 교육으로 변화시켜라
여덟, 인재경영을 시작하라
아홉, 목표의식이 분명한 기업문화를 만들어라
열, 입구와 출구를 동시에 관리하라

1. 인재 채용은 사장이 직접 나서라

고 이병철 회장은 신입사원을 선발하는 데 있어 우리나라 최초로 공채 제도를 도입했을 뿐 아니라, 아무리 바쁜 일이 있어도 신입사원 면접시험에는 꼭 참석할 정도로 좋은 인재를 선발하는 데 무척이나 신경을 썼다. 또한 1960년대 말부터 인건비 상승을 감수하더라도 좋은 인재를 선발하여 지속적인 교육을 통해 최고의 인재, 충성심 높은 인재, 깨끗한 인재로 양성하는 데 많은 노력을 기울였다.

> "경영자는 인재에 대한 욕심이 있어야 하고, 우수인재를 확보하고 양성하
> 는 것이 기본 책무이다."

이병철 회장의 이 말은 삼성 그룹뿐만 아니라 우리나라 모든 경영자들이 한번쯤 깊이 생각해볼 문제라 여겨진다. 필자가 잘 아는 중견기업의 오너는 인재를 확보하는 데 업무의 많은 시간을 할애하고 있다. 그는 핵심인재를 채용하기 위하여 인재에 대한 정보를 최대한 많이 확보하고 회사가 필요한 인재라는 판단이 서면 아무리 바빠도 직접 찾아가서 채용한다. 그는 "삼성 같은 일류 기업도 핵심인재의 확보를 위해 각고의 노력을 하는데, 모든 면에서 삼성에 못 미치는 우리 같은 회사가 인재를 확보하려면 발로 직접 뛰는 수밖에 없다"고 말하곤 한다.

요즘 부상하고 있는 STX그룹의 강덕수 회장도 그룹이 설립된 2001년 이후 신입사원은 자신이 직접 보고 뽑겠다면서 1천 명이나 되는 인력을 직접 면접하고, 면접이 끝나면 밤늦게까지 남아 그날 면접본 사람들을 일일이 체크하는 강행군을 하고 있다. 인재 확보의 중요성을 직접 행동으로 보여주고 있는 것이다.

인재를 채용하는 데 권한 이양은 없다. 경영자가 우수인력 확보에 직접 뛰지 않고 부하들을 통해 챙기기만 한다면 그 결과는 그믐밤에 숯불 보듯 뻔한 일이다. 우수인재를 채용하고 싶으면 사장이 직접 나서야 한다는 진리를 항상 명심하라.

2. 인재가 없다고 탓하지 말고 키워라

보통의 경영자는 경기가 나빠 실적이 좋지 않으면 창 밖을 보고 어려운
환경을 탓하고, 사업이 잘 나갈 때는 거울을 보고 자기도취에 빠진다.
하지만 훌륭한 경영자는 이를 거꾸로 행한다.

기업의 경영인들에게 경영 상의 힘든 점을 물어보면 빠짐없이 등장하는
단골메뉴가 바로 '사람은 많은데 쓸만한 사람이 없다', '대기업에 인재
가 다 모여 중소기업에는 인재가 없다' 는 하소연이다. 물론 중소기업이
핵심인재를 채용하기에는 어려운 점이 많다. 그렇다고 마냥 손 놓고 기
다릴 수도 없는 일이다. 외부에서의 인재 확보가 용이하지 않다면 내부
로 눈을 돌려야 한다.

소니, 마쓰시다, 삼성 같은 세계 초일류 회사들도 처음부터 대기업으로
시작하진 않았다. 글로벌 기업으로 성장한 이들 회사도 초기에는 아주
작은 중소기업에서 적은 인원으로 시작했다. 이들 기업의 성공은 바로
몇 안 되는 회사 직원들이 열정과 뜻을 함께 하여 일구어낸 신화이다.

크든 작든 회사에는 체계적인 육성을 하면 핵심인재로 성장할 가능성이
있는 인력들이 반드시 존재한다. 외부 수혈도 중요하지만 내부 직원들
을 면밀히 관찰하여 그 중에서 핵심인재로 성장할 가능성이 있는 직원
들을 찾아 체계적인 교육과 전문가가 될 수 있도록 경력을 잘 관리해보

라. 큰 비용을 들이지 않고도 인재를 양성할 수 있을 것이다.

"인재육성이라는 것은 대단히 중요한 것이며 끝이 없는 과제입니다. 제가 사장으로 취임했을 때도 당시 회장님이셨던 도요타 쇼이치로(豊田章一郎) 회장님으로부터 '인재육성을 확실히 해주게'라며 다음 세대를 확실히 키워줄 것을 부탁받았습니다. 때문에 저는 사장이 된 이후 꽤 많은 시간과 의식을 여기에 쏟아붓고 있습니다. 흔히 경영자들이 하는 말 가운데 우리 회사에는 인재가 없다고들 하는데, 사실 경영자의 역할은 인재를 키우는데 역점을 두어야 합니다."

2005년 7월 서울대 초청강연회에서 도요타 자동차의 조후지오(張富士夫) 전 사장의 강연 내용이다. 도요타는 보통의 사람들을 뽑아서 훌륭한 인재로 키우는 데 심혈을 기울이고 있고, 1인당 몸값이 1천만 엔 이상이 되도록 하는 것이 인재육성의 목표라 한다.

사람이라고 다 중요한 것이 아니다. 우수한 인재가 자산이다. '등잔 밑이 어둡다'라는 말이 있듯 인재를 멀리서만 찾으려 하지 말고 가까운 직원들 중에서 찾아보라. 반드시 갈고 닦으면 훌륭한 인재로 성장·발전할 인재가 있을 것이다. 남의 탓을 하기 전에 사람을 키우는 인재육성에 대한 책임에 먼저 통감하라.

Smart Idea!
칭기즈칸의 성공 비결

몽골제국이 중앙아시아까지 지배할 수 있었던 성공비결은 무엇일까? 이를 보는 견해는 상당히 다양하다. 네이멍구(內蒙古) 대학 교수이자 중국 몽골 사학회 회원인 마지(馬冀) 교수는 이에 대해 국적과 민족, 출신 지역을 가리지 않고 과감하게 인재를 등용한 게 성공 요인이라고 강조했다.

"칭기즈칸은 교양 수준이 높지 않았고, 아는 글자도 많지 않았지만 지식인들과 과학기술 분야의 인재들을 중시했다. 칭기즈칸은 이들 인재로부터 스스로 배우는 데도 게을리하지 않았다. 이는 군사력만 앞섰지 기술 수준은 떨어졌던 몽골 제국을 위해 칭기즈칸이 깊이 생각한 결과다."

칭기즈칸이 인재를 등용하고 기술을 적극 개발한 사례를 구체적으로 들라면 포병부대를 들 수 있다. 1214년 칭기즈칸은 대장 무화리타오(木華黎挑)를 보내 날랜 병사 500명을 선발했다. 이들로 몽골 최초의 포병부대를 편성하고, 당시 과학기술 선진국이었던 금(金)나라와 서하(西夏)에서 노획한 대석포(大石砲)로 이들을 무장시켰다. 자존심을 버리고 적의 기술도 과감하게 도입한 것이다.

칭기즈칸은 이와 함께 포로로 붙잡은 숙련 기술자들에게 이 포병부대의 기술과 교육을 전담시켰다. 적국의 인재가 제국의 핵심 군사교육 전면에 포진한 것이다. 이를 통해 13세기의 최고 선진기술로 무장한 강력한 포병·공병부대가 탄생할 수 있었다.

칭기즈칸은 일단 한 지역을 점령하면 반드시 현지의 숙련 기술자들을 포로로 데려갔다. 자진해 몽골군에 투항하는 기술자들에게는 특별 대우를 했다. 그는 포로 가운데서 기술자들을 직접 가려내기도 했다.

이렇게 구성된 '다민족 포병·공병 부대'와 '선진 무기' 덕분에 칭기즈칸의 몽골 군대는 아시아와 유럽의 여러 선진지역과 성채를 모조리 점령할 수 있었다.

3. 경쟁을 통한 성과주의 조직문화를 구축하라

지금은 경쟁이 아니라 전쟁의 시대다. 무역전쟁, 기술전쟁, 자원확보전쟁, 심지어는 취업마저도 경쟁이 아니라 전쟁이라는 용어를 쓴다. 경쟁의 대표적이라고 할 수 있는 스포츠에서는 등수에 따라 1등은 금메달, 2등은 은메달, 3등은 동메달을 준다. 하지만 전쟁은 등수에 따른 메리트가 거의 없다. 1등과 2등의 차이는 엄청나다. 특히 반도체 같은 기술 중심의 사업은 더욱 심하여 그 격차는 생사가 걸릴 정도다.

삼성을 움직이는 인사 시스템의 원리는 '치열한 경쟁'과 '철저한 보상'이다. 삼성은 모든 것을 전쟁에 가까울 정도로 경쟁시킨다. 그리고 경쟁에 따른 결과에 대해서는 보상을 파격적으로 제시한다. 이것을 뒷받침하기 위해 삼성은 우리나라 어느 기업보다 목표관리와 평가시스템을 잘 갖추어 놓고 있다. 인재육성을 위한 교육 시스템도 경쟁유발의 한 형태로 만든 것이다.

> "교육의 질을 높이려면 경쟁(競爭)이 도입되어야 한다. 미국 대학이 최고의 경쟁력을 유지하고 있는 것은 선택의 폭을 넓힌 경쟁이 보장되어 있기 때문이다."

한국경제신문 주최로 2006년 11월 8일부터 열렸던 글로벌 인적자원

(HR) 포럼에 참가한 로버트 배로(Robert Barro) 미국 하버드대 교수가 '인적 자본과 경제성장'을 주제로 한 강연에서 강조한 말이다. 배로 교수는 교육 개선을 통해 경제성장을 촉진시킬 수 있다면서 한국은 특히 초·중등 교육에서 모두가 동등한 교육을 받아야 한다는 교육평등주의의 함정에 빠져있다고 지적했다. 그것이 인재양성의 걸림돌로 작용하고 있다는 얘기다.

한국 기업들의 성과주의는 글로벌 시대에는 피할 수 없는 대세이다. 때문에 만일 성과주의에 문제가 있다고 한다면 이는 잘못된 인식이나 운영상의 문제이지 성과주의 자체의 문제는 아니다. 이제 기업들은 강력한 능력 위주의 인재 정책을 전개해야 하며 지금까지의 획일적 집단주의 인사제도를 고쳐 개개인을 중심으로 육성하는 개별주의 인사로 전환해야 한다.

핵심 우수인재는 다른 사람들과 동등한 처우를 원하지 않는다. 보다 차별화된 처우를 원한다. 차별화된 처우를 하지 않는 조직에 그러한 인재들이 있다면 그들은 곧 의욕을 잃고 도전의식 또한 사라지게 될 것이다. 이는 개인은 물론 조직으로서도 손해다.

삼성이 현재와 같이 경영성과를 낼 수 있는 이유는 개인 또는 조직 간에 끊임없이 경쟁을 하는 조직문화와 보상제도가 자리잡고 있기 때문이며, 이는 '이유 있는 차별'을 수용하는 성과주의 문화가 정착되어 있기 때문에 가능한 것이다.

'연봉제나 인센티브 제도는 부적격자에게 적합한 행동을 이끌어내기 위한 것이 아니라 우수한 인재들을 버스 안에 머물도록 하기 위한 것'이라는 사실을 명심해야 한다. 즉 골고루 나누어 주는 식의 보상 제도로는 우수한 인재를 데려오거나 유지시킬 수 없다는 사실을 명확히 해야 한다.

안락 속에는 언제든지 위험이 도사리고 있다. 경쟁하지 않는 개인, 경쟁하지 않는 조직은 현실에 안주할 수밖에 없으며 결코 일류가 될 수 없다. 좋은 회사와 일류 회사의 차이는 '이유 있는 차별'이 있다는 사실이다. 화기애애하고 골고루 나누어 먹는 형태의 보상 제도만으로는 글로벌 시대에 경쟁에서 이길 수 없으며, 그렇게 하면 언젠가는 우수인재들이 떠나고 만다. 이 사실을 명심하라.

4. 시스템에 의한 경영시스템을 구축하라

중소기업의 많은 경영자들은 '열심히 키워서 쓸만하면 떠난다'며 인재관리에 어려움을 나타낸다. 하지만 감정적으로 반응해서는 문제를 해결할 수 없다. 평생직장이 무너지고 이직이 일반화된 이상, 이를 전제로 인사와 조직을 설계할 수밖에 없다. 즉 이제는 사람들을 어떻게 붙잡아 둘 것인가를 고민해야 한다. 사람을 중심으로 설계된 인사조직에서는 그 사람이 나가면 조직이 무너질 수밖에 없다. 따라서 사람이 떠나도 굴러갈 수 있도록 시스템 경영 방식을 구축해야 한다. 중소기업에서 중견기업로 회사를 키운 한 경영자의 말을 통해 시스템 경영의 필요성에 대해 다시 한 번 생각해보자.

"이제는 고객 만족도보다 직원 만족도를 높여야 한다. 우수한 인재가 1년만 더 남아 있어도 회사에 얼마나 이득인지를 생각해야 하는 때다."

하지만 우수한 인재가 떠나서 회사가 어려워진 경우는 생각보다 많지 않다. 그보다는 어느 정도 회사가 성공한 후에도 창업자가 계속해서 일을 놓지 않다 보니 문제가 생기는 것이다. 즉 회사 내에서 사장보다 회사 재정을 더 많이 아는 사람도, 더 많이 고민해본 사람도 없기 때문에 어려움을 겪는 것이다.

더구나 창업 1세들은 '아끼는 만큼 이익이 난다'는 개념이 굳어 있어 유능한 인재를 영입하여 높은 보수를 주는 데 한계가 있다. 그들은 유능한 인재를 뽑아 많은 보수를 주고 일을 시킨들 자기만큼 잘 알지도, 열심히 일하지도 않는다고 여긴다. 그래서 결국은 자기와 동고동락해온 심복 몇 사람하고만 다시 일을 하곤 한다. 하지만 '사람에 의한 경영'은 기업의 성장에 한계가 있을 수밖에 없다. 오래가는 기업을 만들려면 이제는 조직과 시스템에 의한 경영을 해야 한다.

조직과 시스템을 갖추지 않은 채 갑자기 성장한 회사들은 성장통(成長痛)이라는 아픔에 빠진다. 이를 극복하는 데에는 엄청난 어려움이 따르지만 그럼에도 이러한 과정은 꼭 필요하다. 일정 규모까지 성장하는 데는 사람에 의한 경영이 효과적이지만 일정 규모 이상으로 커지면 사람에 의한 경영은 오히려 조직의 발전에 큰 걸림돌로 작용하게 된다는 사실을 명심하라.

5. 순혈주의를 타파하라

지금은 모든 것이 복합화(Complexity)된 컨버전스(Conversions) 시대다. 조직 구성원들도 공채 중심의 순혈주의(純血主義)가 아니며, 의식도 다양해지고 있다. 이제는 이러한 다양한 구성원들을 한 방향으로 응집시키는 다양성 관리(Diversity Management)가 인사의 주요 과제로 대두되고 있다.

삼성의 인사제도는 고 이병철 회장 때만 해도 공채 중심으로 승진되는 구조였다. 해외에서 근무했던 사람이나 외부에서 조직에 들어오는 사람은 거의 없었다. 그러나 이건희 회장 취임 후 특히 외환위기를 전후해서 삼성의 인재상은 크게 바뀌었다.

이제는 모범생을 뽑는 것이 아니라 다양한 재주를 가진 천재형 인력을 외부에서 과감히 채용하고 있다. 그리고 그 비율은 점점 높아져 외부 영입 비중은 30~40%로 늘고 있는 중이다.

한편 조직의 분위기도 예전에는 내부에서만 똘똘 뭉치고 자기들만 고집하는 분위기였다면, 이제는 다른 외부의 사람이나 문화도 수용하는 방식으로 많이 변하고 있다.

최근에는 세계 각지에서 활약하고 있는 한국인 과학자라든가, 탁월한 업무성과를 내고 있거나 연구업적을 내고 있는 외국인 등을 핵심인재로 채용하는 일이 비일비재하다. 이들에게는 사장 이상의 고액 연봉은 물론 파격적인 복리후생까지 보장해주면서 영입하려 애쓰고 있다. 더구나 삼성은 이러한 인재들이 조직 내에서 잘 융화되고 제대로 뿌리를 내릴 수 있도록 조직의 분위기 조성에 지대한 관심을 쏟고 있다.

핵 융합원리로 만들어진 수소폭탄은 핵폭탄보다 여덟 배의 파괴력을 가지고 있다고 한다. 글로벌 시대에는 순혈주의에서 혼혈주의로 가는 것이 대세이다. 최고경영자가 순혈주의만을 고집한다면 그 회사의 미래는 결코 밝다고 할 수 없다. 경영자들이여! 이제는 순혈주의와 과감히 결별하라.

6. 조직을 파괴하라

일찍이 사회학자 막스 베버(Max Weber)는 "가장 통제하기 쉬운 조직은 관료제도이다"라고 하였다. 그의 말대로 사회주의 국가나 행정조직, 군대조직들은 예외 없이 거의 피라미드 구조의 의사결정 체제를 가지고 있다. 그러나 이러한 관료주의는 변화와 혁신의 시대에는 거추장스럽고 효율성을 잃은 골동품일 뿐이다.

삼성의 인사제도는 예전에는 피라미드 조직에 연공서열 제도였지만, 이건희 회장 취임 이후에는 연공서열 철폐라는 인사파괴가 시작되어 상무가 전무를 건너뛰어 부사장이 되는 등 발탁인사가 과감히 시행되고 있다. 또 철저하게 능력중심, 성과중심의 인사제도가 강화되고 있다. 인사에 대한 패러다임이 변화한 것이다.

과거 삼성은 '관리의 삼성'이라는 말이 있을 정도로 관료주의 성격이 짙었다. 하지만 지금 삼성을 '관리의 삼성'이라고 이야기하는 사람은 아무도 없다. 관리본부, 관리부 등은 통제가 아니라 현업을 지원하고 서비스하는 곳으로 바뀌었다. 또 조직혁신이 과감하게 이루어지면서 조직의 기능과 다단계 계층 구조까지도 획기적으로 바뀌어 팀제와 같은 탄력적인 조직 형태로 변화되었다.

최근 SK는 본부장, 실장, 팀장 같은 포스트를 제외하고는 직급과 호칭을 완전히 없애고 모든 직원을 매니저로 통일시키는 인사혁신을 발표했다. 매니저 단위에서는 승진 개념이 없고 성과가 좋으면 언제든지 연봉을 올려주는 방식을 택했다. 이는 초급, 중간관리자 이상의 직원 비율이 50%가 넘는 조직의 효율을 높이기 위한 새로운 운영 방식이요, 글로벌 비즈니스 환경에서 환경변화에 신속히 대응하고 전문성을 강화하기 위한 피할 수 없는 고육지책이다.

"조직은 바꾸기 위해 존재한다"는 말이 있다. 흰 고양이든 검은 고양이든 고양이는 쥐를 잘 잡아야 한다. 과거의 피라미드 형태의 관료형 조직과 연공서열 형의 인사제도는 과감히 파괴해야 한다. 이제는 장기 형태의 조직이 아니라 환경에 유연하게 대응할 수 있는 바둑 형태의 조직이 필요하다는 점을 명심해야 한다.

7. 사람은 교육으로 변화시켜라

2006년 7월, 대한상공회의소가 발표한 자료를 보면 우리나라 노동자의 생산성은 10.4달러(약 1만 원)로 OECD의 평균 38.6% 수준에 불과하다. 이러한 근본적인 문제를 해결하려면 무엇부터 시작해야 할까? 삼성은 이러한 문제를 철저한 교육으로 풀어나가고 있다.

삼성의 교육은 신입사원 때만 진행되는 것이 아니다. 언제나 교육받을 기회는 열려 있다. '교육이란 부진한 사람이 받는 보충수업'으로 인식하는 기업도 일부 있지만, 적어도 삼성에서는 그렇지 않다. 삼성에서는 낙오자나 부진한 사람이 교육을 받는 것이 아니다. 오히려 유능한 사람에게 더 많은 교육의 기회를 준다.

삼성에서 교육은 성과가 좋은 사람에게 조직이 베푸는 보상이라는 인식이 지배적이다. 교육의 특혜를 받은 사람은 능력 있는 사람들이며, 임원으로 승진하는 데도 유리하다. 이 때문에 삼성맨들은 교육받는 것을 부담스러워하지 않고, 교육을 받기 위해 성과를 높이고자 애를 쓴다. 삼성의 수많은 인재들은 채용할 때부터 인재였다기보다는 오히려 채용 이후에 교육을 통해 육성된 경우가 많다. 이러한 끊임없는 교육을 통해 삼성맨들은 해당 분야의 전문가가 되는 것은 물론이요, 회사에 대한 애사심도 크게 함양되고 있다.

"원래부터 길은 없습니다. 사람이 걸으니 길이 생긴 겁니다. 보이는 길만 길이 아닙니다. 여러분이 먼저 새 걸음을 걸어보세요. 다른 사람이 걷고 그 다음 사람이 따라오고…… 그러면 그게 길이 됩니다. 길뿐입니까? 변화와 혁신은 사람이 하지만 사람을 변화시키는 것은 오직 교육뿐입니다."

지방에서 반란을 일으켜 혁신의 화제가 되었던 장성군(長城郡)의 김흥식 전 군수가 남긴 이야기다. 장성군의 1인당 교육비는 250만 원, 대기업을 능가하는 규모다. 교육에 대한 중요성을 다시 한 번 생각해보게 만드는 사례가 아닐 수 없다.

교육은 흔히 콩나물 시루에 비유된다. 콩을 시루에 넣고 맹물을 부으면 물은 쭈욱 빠지고 아무것도 남지 않는 듯이 보인다. 하지만 1주일만 지나면 어느덧 한 뼘쯤 자라난 콩나물을 볼 수 있다. 교육은 백년지대계라는 말이 있다. 인재양성을 위해 과감히 투자하라. 그것만이 회사의 미래를 보장해준다.

8. 인재경영을 시작하라

인재를 중요시하지 않는 기업은 없다. 그렇다고 인재를 체계적으로 육성하고 활용하는 기업 또한 흔치 않다. 인재양성은 막대한 선행투자를 필요로 하는 반면 그 성과는 한참 뒤에 나타나는 것이어서 중요성을 충분히 인식해도 실행에 옮기기는 쉽지 않다.

그런 점에서 볼 때 삼성의 인재중시 경영전략은 남다른 것이다. 고 이병철 회장은 '인재제일(人材第一)'의 경영원칙을 천명한 데 그치지 않고 철저하게 실행했다. 여기에 더해 이건희 회장은 일류가 되지 못하면 살아남기 힘든 무한경쟁시대의 위기의식을 바탕으로 생존전략의 차원의 해법을 인재경영과 천재경영에서 찾았다.

현재 삼성 그룹은 회사에 따라 차이가 크지만 삼성전자를 비롯해 주요 계열사는 수조 원씩의 이익을 내는 등 비교적 잘 나가고 있다. 그러나 수년 후에도 이들 기업들의 제품이 잘 팔리리란 보장은 없다. 그것이 삼성의 고민이었다. 그리고 앞으로 5~10년 뒤에 뭘 먹고 살지를 계속 고민해온 결과 나온 결론이 '사람과 기술'이다. 이를 실현하기 위해 삼성은 핵심인재를 대거 외부에서 채용하고 동시에 내부의 인력들을 키우는 데 과감하게 투자하고 있다.

머지않아 GM을 누르고 세계 최대의 자동차 회사가 될 도요타 자동차의 성장 비결도 결국 철저한 교육과 다기능(multi-skill) 인력양성을 통한 인재경영이라고 할 수 있다. 도요타는 일 년에 1천 5백여 명이 넘는 정년 퇴직자들을 다시 고용하여 65세까지 다시 5년간 기술인력으로 재활용하고 있는데 이는 '인간의 지식은 나이에 따라 쇠퇴하지만 인간의 지혜는 갈고 닦으면 무한하다'는 인간존중의 인재경영 철학을 바탕으로 한 것이다.

마지막으로 《좋은 기업을 넘어 위대한 기업으로》의 저자 짐 콜린스가 한 말을 되새겨보자.

"위대한 회사를 만드는 사람들은 어떤 회사의 경우에도 성장의 궁극적인 동력을 시장에서, 기술에서, 상품에서 찾지 않는다. 다른 모든 것 위에 한 가지가 있다면 그것은 우수한 사람들을 확보하고 붙들어놓는 능력이다."

변화와 회사의 경쟁력은 인재에 의해 창출된다. 무한 자유경쟁시대, 디지털 창조의 시대에서 승리하기 위해서는 차별화된 경쟁력이 무엇보다 중요하다. 기업활동의 주체가 되는 사람, 즉 인재가 회사의 경쟁력이라는 사실을 명심하고 인재경영을 시작하라.

9. 목표의식이 분명한 기업문화를 만들어라

삼성에 다니는 사람과 대화를 하다 보면 다른 기업에서 일하는 사람들과의 차이점을 몇 개 발견할 수 있다. 그 중 하나가 회사에 대한 자부심이 강하다는 점이다. 평범한 샐러리맨이라면 술자리에서 상사에 대한 불만이나 처우 및 급여 등에 대해 볼멘소리를 하기 마련인데, 삼성맨들은 대부분 그렇지 않다. 삼성맨들은 자기가 다니는 회사에 대한 자부심이 대단히 높을 뿐 아니라, 회사는 물론 회사를 떠나서도 좀처럼 회사의 흠을 잡으려 하지 않는다.

조금 과장하여 표현하면 그것은 종교적인 수준에 가깝다. 일단 삼성에 입사해서 3개월만 지나면 직원의 절대 다수는 삼성에 대해 매우 우호적인 시각을 갖게 된다. 삼성맨들은 다른 기업의 사원들보다 조직 로열티가 매우 강하다. 삼성맨들이 이처럼 강한 로열티를 보이는 이유는 지속적인 훈련과 최고경영자들의 경영방침 그리고 이런 것들이 한 데 어우러져 형성된 기업문화의 영향 아래 조직에 대한 충성심과 결속력을 갖추었기 때문이다.

삼성은 '목표의식'이 분명한 조직이다. 삼성이 나아가야 할 방향은 한 방향 문화다. 이건희 회장은 20만 명의 조직원이 각자 다른 방향의 프로펠라를 달고 있으면 삼성이란 거대한 항공모함은 꼼짝할 수도 없다면서 "마누라와 자식만 빼고 모두 바꿔라"라고 하였다. 물론 이는 혼자만의 노력으로 이루어질 사안은 아니다. 그래서 이를 위해 전략기획실 등 상부조직에서는 사내교육 등을 통해 끊임없이 변화를 유도하고 있다.

다양한 구성원으로 이루어진 지금의 글로벌 기업에게는 인종과 언어를 초월한 강력한 한 방향의 조직문화가 필요하다. 이것이 요즘 강조되고 있는 핵심가치다. 한 예로 도요타 자동차는 23만 명의 전 세계 조직원들을 한 방향으로 결집시키기 위해 2001년 핵심가치로 도요타 웨이(Toyota Way)를 만들어 공유하고 있다.

짐 콜린스는 그의 저서 《성공하는 기업들의 8가지 습관 Built to Last》에서 강력한 조직문화에 대해 이같이 주문했다.

"장기적으로 비전을 가지고 있는 회사(Visionary Company)는 조직의 구성원들이 핵심이념을 열렬히 고수하도록 하기 위해 구성원 모두를 철저한 교화 과정으로 교육하고, 기업의 이념적인 통제를 강하게 하는 동시에 개인의 창의를 북돋우기 위해 조직의 운영 면에서는 광범위한 자율성을 부여한다.

한 방향으로 결집시키는 강력한 조직문화는 남들과 차별화를 시킬 수 있는 강력한 수단이 된다. 최고의 성과를 창출하는 강한 조직력을 갖춘 회사를 만들려면 회사의 기업문화를 목표지향적으로 만들어야 한다는 사실을 명심하라.

10. 입구와 출구를 동시에 관리하라

버스에 사람을 태우려면 그만큼 내보내야 한다. 어느 조직이든 꼭 내보내야 할 사람들이 있다. 조직에 기여하지 못하고 회사에서 봉급만 축내는 사람들을 처리하지 못해 전전긍긍해서는 안 된다. 강력한 노조의 힘과 법적인 측면 때문에 해결이 쉽지 않은가? 그렇다고 해도 방법이 없는 것은 아니다. 해결책은 제대로 된 출구 시스템에 있다. 회사 입사를 결정하는 입구 관리도 중요하지만 삼성이나 GE 같이 인사제도 자체를 처음부터 버스처럼 손님을 갈아 태울 수 있는 제도를 마련하는 것이 필요하다.

인수합병, 다운사이징, 상시적인 구조조정 체제 구축 등 각 기업들은 언제든지 구조조정을 할 수밖에 없는 상황에 직면할 수 있다. 이 때문에 1990년대 후반부터 퇴직 및 전직 대상자를 중심으로 한 퇴직관리(Retirement Management)의 문제가 중요한 경영 과제 중 하나로 부상되고 있다.

제대로 된 출구 시스템을 만들기 위해서는 퇴직 대상자들이 자신의 진로를 효과적으로 개척하고 재취업 및 창업의 기회를 가질 수 있도록 지원하는 체계적인 관리가 절실한데, 대표적인 접근법 중 하나가 IMF 외환위기 이후 도입된 아웃플레이스먼트 서비스 제도(Outplacement Service, 종업원이 자발적이든 비자발적이든 일자리를 잃게 되면 이들이 다시 일자리를 찾을 수 있도록 기업 차원에서 지원하는 제도)이다.

대다수 기업은 채용에 비해 퇴직에 대해서는 거의 무관심하다. 하지만 기업과 근로자의 유대 강화를 위해서는 채용 못지않게 퇴직관리에도 신경을 써야 한다. 퇴직한 직원들은 기업의 이미지다. 퇴직한 직원들은 기업의 잠재고객이 된다. 이제는 이 점을 인식하며 의사결정을 해야 한다.

출구 시스템을 제대로 만들면 분규 및 법정소송 가능성을 낮출 수 있다. 불필요한 노사갈등을 최소화한다면 기업 이미지를 제고할 수 있을 뿐만 아니라 조직에 남아있는 인재들에게는 실직으로 인한 심리적 스트레스를 감소시키고, 전문적인 경력개발과 관리로 제2의 인생설계를 도울 수 있다. 경영자는 버스기사다. 우수한 새로운 손님은 태우고 비적합한 사람들은 소리 없이 내려주어야 한다.

에 필 로 그

2004년 일본 출장 길에 도쿄역 근처의 한 서점을 들렀더니 요로 다케시(養老孟司)가 쓴 《바보의 벽》이라는 책이 베스트셀러였다. 도쿄의대 해부학 교수였던 그는 자신이 알고 싶은 것만을 바라보려 하고 그 외의 것을 차단하는 것을 '바보의 벽'이라고 표현하였다

스스로를 '인사쟁이'라고 자칭하는 HR 부서에 근무하는 사람들은 물론 경영자들도 이러한 바보의 벽 속에 갇혀 자기 아집이나 덫(Trap)에 빠져 있지는 않은지 자문해볼 필요가 있다.

20여 년 전 필자는 경리·관리 출신으로 삼성의 경영혁신 분야에서 근무한 바 있다. 하지만 '인사가 변해야 회사가 변한다'는 이건희 회장의 방침에 따라 경영혁신 부서에 근무하던 사람들이 대거 비서실 인사팀으로 이동되면서 필자도 이때 처음 생면부지의 인사기획을 맡게 되었다. 당시를 회상해보면 인사부서 출신이 아닌 사람이 느낀 인사부서 사람들의 벽은 아주 높았던 것 같다.

과거 인사담당자들은 '인사는 마지막까지 회사에서 가장 보수적이어야 하며, 인사는 관리나 통제기능이기 때문에 경영성과에 대한 책임이 없다' 는 식으로 일을 해왔다. 또 인사부서에 적합한 사람들은 전문성보다는 인간성이 좋고, 맷집도 좋으며, 현장 사람과 잘 어울리는 사람이라고 생각하는 경향이 컸다. 하지만 이제 인사담당자들에게도 새로운 역량과 전문지식이 요구되는 시대다. 필자는 인사부서는 물론, HR부서에 근무하는 모든 사람들도 이제는 변화와 혁신을 주도하는 역할을 담당해야 한다고 생각한다. 그런 의미에서 이 책이 이러한 변화를 돕는 데 음으로 양으로 보탬이 되기를 바라고 있다.

삼성의 인사제도나 시스템에 대한 자료들은 의외로 내용이 공개되지 않고 있다. 왜 그런지는 잘 모르겠다. 하지만 삼성에서 오랫동안 제도를 기획하고 현장에서 많은 경험을 한 필자도 직접 자료를 공개하기 어려웠다. 그런데 어느 날 능률협회가 주관한 '도요타 TPS 세미나' 에 참석한 일이 있었는데, 그 당시 도요타 배우기 열기를 반영하듯 놀랍게도 무려 9백 명의 사람이 모였었다. 그것이 자극이 되었다.

'삼성에도 도요타 못지 않은 시스템과 제도들이 있는데 …… 사회봉사활동을 적극적으로 펴나가고, 막대한 사회공헌기금을 출연하고 중소기업을 지원하는 것도 중요하지만, 인사제도나 인재육성 같은 노하우를 세상에 공개하여 다른 기업들이 이를 벤치마킹할 수 있도록 돕는 것 또한 사회적 책임의 한 방법이 아닐까?'

이런 마음, 삼성에 대한 자세하고 본질적인 내용들이 세상에 알려져 작은 제도 하나라도 외부 기업들에게 접목되고 확산되기를 바라는 마음으로 용기를 내어 이 책을 썼다.

필자는 앞으로 삼성에서 오랫동안 같이 근무했던 OB들을 모아 이러한 기회를 많이 만들고 삼성인사제도나 인재경영에 대한 컨설팅과 세미나, 공개 워크숍 등을 개최하여 현장 전파 활동을 체계적이고 적극적으로 할 생각이다. 특히 필자가 운영하고 있는 ㈜조인스HR의 홈페이지(www.joinshr.com)를 통해 많은 자료들이 공개될 수 있도록 준비하고 있다. 앞으로 삼성에 관한 더 많은 정보를 얻고자 하는 독자가 있다면 이를 이용하길 바란다.